锦绣文章的华丽风

读懂 小古文
爱上大语文

两汉魏晋南北朝古文

琬如 —— 编著

石油工业出版社

图书在版编目（CIP）数据

锦绣文章的华丽风行：两汉魏晋南北朝古文 / 琬如编著.—北京：石油工业出版社，2022.6

（读懂小古文，爱上大语文）

ISBN 978-7-5183-5338-5

Ⅰ.①锦… Ⅱ.①琬… Ⅲ.①文言文–中小学–教学参考资料 Ⅳ.①G634.303

中国版本图书馆CIP数据核字（2022）第064665号

读懂 小 古文 爱上 大 语文

锦绣文章的华丽风行 …… 两汉魏晋南北朝古文

策划编辑：王　昕　黄晓林	装帧设计：何冬宁
责任编辑：王　磊	美术编辑：王道琴
责任校对：郭京平	图片提供：站酷海洛
特邀编辑：周庆亮	封面绘制：狼仔图文

出版发行：石油工业出版社

（北京安定门外安华里2区1号　100011）

网　　　址：www.petropub.com

编 辑 部：（010）64523616　64252031

图书营销中心：（010）64523731　64523633

经　　销：全国新华书店

印　　刷：河北京平诚乾印刷有限公司

2022年6月第1版　2022年6月第1次印刷

710×1000毫米　开本：1/16　印张：10

字数：130千字

定　　价：38.00元

（如出现印刷质量问题，我社图书营销中心负责调换）

版权所有，翻印必究

前言

读懂小古文 爱上大语文

古文，是根植于中国人灵魂深处的一种浪漫而优雅的语言。

2020年年初，新冠肺炎疫情暴发，各地紧急驰援武汉。一批来自日本汉语水平考试事务所的援助物资"刷屏"各大网站，物资的外包装箱上印着八个汉字——"山川异域，风月同天"。这是唐朝时日本国长屋王赠送给唐朝僧人的袈裟上绣的一句古文。人们感动于邻邦伸出援手之余，更被这句简短的古文深深触动——她仿佛饱含着我们最钟情的审美，融汇起浓浓的暖意，如此地直入心田！"岂曰无衣，与子同裳""青山一道同云雨，明月何曾是两乡"等越来越多的古文词句出现在援助物资上，凝聚起无数人的祝福与情感寄托。此时此刻，古文再一次展现了她独特而巨大的魅力。

简洁的古文何以有超越千言万语的力量？何以让海北天南的人齐齐地怦然心动？

首先是她让我们感到熟悉而亲切。作为我们民族的母语，汉语言几千年传承下来，语言的结构章法大体未变，一直以古文的形式存在。无论时代如何演变，汉语万变不离其宗。不论先秦诸子的之乎者也、两汉骚客的辞赋骈俪、唐宋大家的诗词文论、明清文人的小说杂文，都是古文主干上长出的枝杈、开出的繁花。所

1

以即便跨越千年，人们仍可以对"千里之行，始于足下"一望而知意，仍然会想起"窈窕淑女，君子好逑"而产生共情。古文在千百年间早已融入中国人生活和灵魂深处，当我们最需要情感倾诉的时候，古文往往会脱口而出。

其次是她传递给我们以永恒的情感。千古传诵的古文，都是那个时代最杰出的文字，都凝练了作者最浓烈的情感、最无与伦比的巧思。其间有伟人、先贤千锤百炼总结出的人生大道理，也有被历朝历代最机巧、最敏感的灵魂点破的小心思。孔孟的经典、老庄的哲思，到如今，多少人仍如此思考、如此践行；李杜的诗句、苏柳的名篇，到如今，多少人仍如此吟诵、如此遣怀。蒲松龄的《促织》让你不禁拍案称奇，而百年来多少人读到此篇也曾有过相同的感慨和动作；林觉民垂泪写下《与妻书》，而我们读来又何尝不泪湿双眼……正因为她汇聚了共同的情感，才有了穿越时空的能量。

最后，古文言简意赅，字字珠玑，所呈现的凝练之美是非常令人震撼的。古文中短短数言即可向我们展示一幅绝美的风景长卷或一个精彩的故事场景，如王勃的《滕王阁序》中"落霞与孤鹜齐飞，秋水共长天一色"，十四个字便描绘出在滕王阁上远眺赣江风光的壮丽图景，秋色、黄昏、飞鸟、长天融为一体，这样的景象，如果换作白话文来描述，只怕是要写上一篇千字散文才能尽兴。古文寥落几笔的美感与质感，恰似茗茶，初入口略感苦涩，却有绵长的回味，又如同曲径通幽，绝不能一览无余，言尽而意未尽。其中蕴藏了深远的意境，饱含了厚重的情感，浸润了幽邃的哲思，值得我们后人细细品读、玩味。

本套丛书共6卷，包括《追忆群星闪耀时：先秦古文·上卷》《千古绝唱，万世不息：先秦古文·下卷》《锦绣文章的华丽风行：两汉魏晋南北朝古文》《盛世华章，文以载道：隋唐古文》《思辨在左，文学在右：宋代古文》《阳春白雪落人间：明清古文》，选取的古文名篇皆具代表性，经典传颂才能证明有最大的共情点与认同度。全套丛书约300篇古文，涵盖中小学教材中出现的大部分古文篇章，并进行了篇目和篇幅的拓展。同时，结合时代、作者、背景等多角度的辅助解读，最大限度还原文章写作的时代感和作者的写作情境，让今天的我们更加身临其境，浸入式地品赏作品。

更重要的是，我们在构思这套丛书时坚持一个主旨，那就是将文史相融，以朝代为经，以文体和题材为纬，尽可能全面地囊括古文文采精华的"各大门派"，展现古文灿烂成就之大观。希望这套丛书能成为你开启古文阅读兴趣的钥匙，成为你涵养情操、增广见闻的向导，成为你通达世情、共情古今的纽带，更能成为你提高古文阅读和语文功底的牢固基石。

让我们一起穿过千年的岁月，去感受古文所构筑的那个宏大而又奇趣无穷的世界吧！

琬如
2011年冬于北京

目录

从激情澎湃到清新流丽的两汉魏晋南北朝散文……… 1

· 贾谊：政论的先驱，汉儒的典范 ·

过秦论（上）……………… 5
论积贮疏………………… 13

· 淮南小山：淮南王门客的集体署名 ·

招隐士…………………… 18

· 司马迁：究天人之际，通古今之变 ·

鸿门宴（节选）…………… 23
乌江自刎………………… 29
陈涉世家（节选）………… 32
周亚夫军细柳…………… 36
管鲍之交………………… 40

田忌赛马………………… 42
商鞅变法（节选）………… 44
将相和…………………… 47
屈原列传（节选）………… 50
李将军列传（节选）……… 53
西门豹治邺……………… 55

· 刘向：校录图书，传播经学 ·

楚庄绝缨………………… 60
师旷论学………………… 63

· 马援：老当益壮，马革裹尸 ·

诫兄子书………………… 66

· 班固：汉赋大家，史学巨擘 ·

李陵传（节选）…………… 70

· 李固：守节秉义，东汉名臣 ·

遗黄琼书………………… 75

· 孔融：汉末名流，建安文豪 ·

论盛孝章书……………… 80

· 曹操：拨乱世的英雄，开风气的文豪·

祀故太尉桥玄文……………… 85

· 诸葛亮：出师一表真名世，千载谁堪伯仲间·

出师表………………………… 89
诫子书………………………… 96

· 李密：孝养可崇，清风素范·

陈情表………………………… 99

· 陈寿：善于叙事，一代良史·

隆中对………………………… 105

· 王羲之：尽善尽美，千古书圣·

兰亭集序……………………… 113

· 陶渊明：日耽田园趣，自谓羲皇人·

桃花源记……………………… 119

五柳先生传…………………… 124

· 《世说新语》：魏晋风流的忠实记录·

王戎不取道旁李……………… 128
咏雪…………………………… 130
陈太丘与友期行……………… 132
杨氏之子……………………… 134
小时了了……………………… 136
王子猷雪夜访戴……………… 139

· 陶弘景：山中宰相，道教宗师·

答谢中书书…………………… 142

· 吴均："吴均体"创始人·

与朱元思书…………………… 145

· 郦道元：伟大的地理学家·

三峡…………………………… 149
★语文教材古文篇目索引…… 152

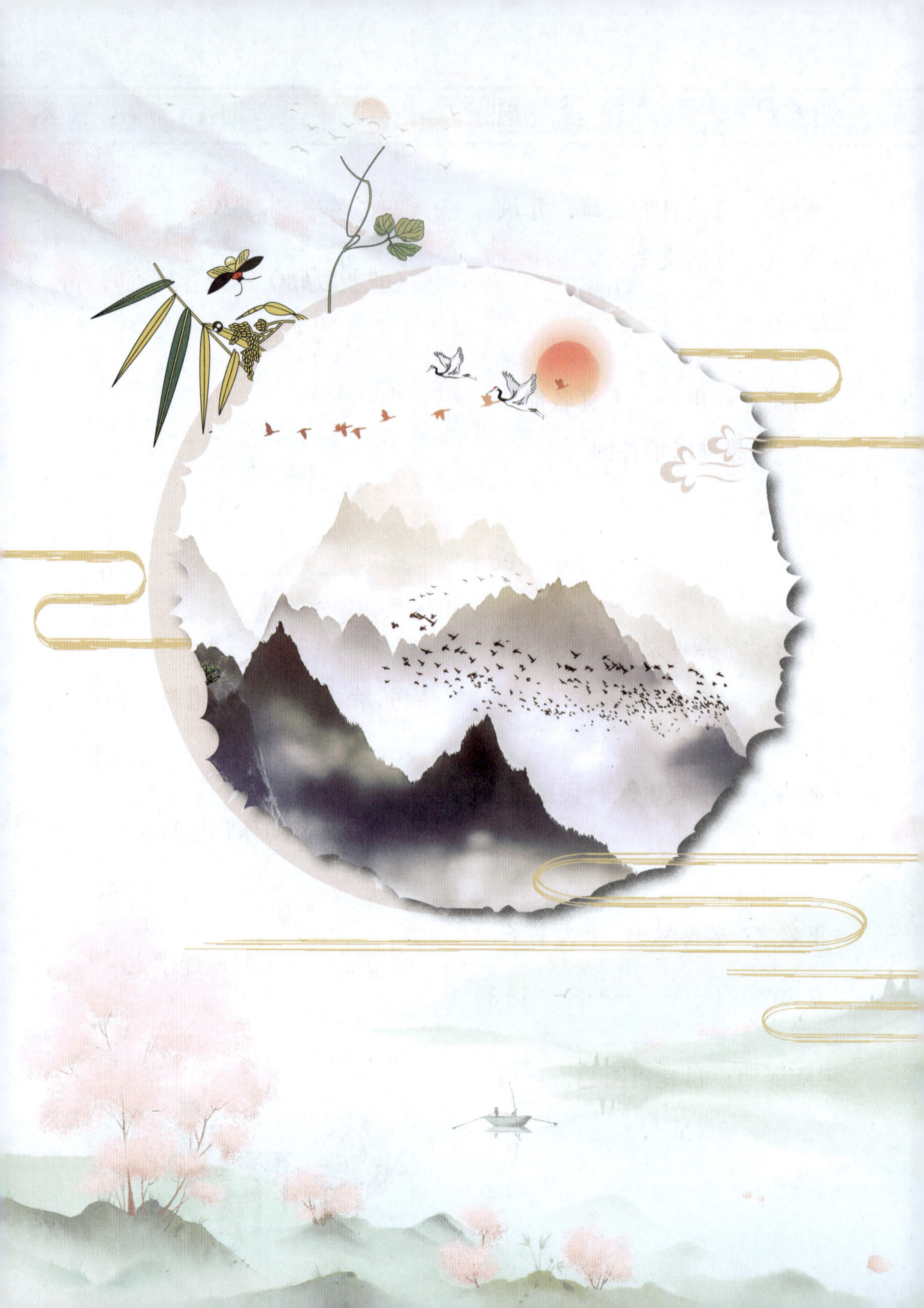

从激情澎湃到清新流丽的两汉魏晋南北朝散文

在经历了先秦散文的辉煌之后，两汉时期的大一统为散文的发展提供了丰厚的土壤，大汉雄风是这一时期散文的最大魅力。而东汉末年到三国时期以三曹父子、建安七子和诸葛亮为代表的文学家们，更突出了别样的人文气息，共同构造了三国散文的辉煌。魏晋南北朝时期是四六骈文的鼎盛时期，在这样的大环境中，散文受骈文的影响，显得格外清新流丽，留下了许多脍炙人口的名篇。

纵横捭阖、气势磅礴的汉代政论文

西汉建立之后，面临着诸多的社会问题，这些问题对于当时的统治者来说，颇为棘手。在当时，对国家大政方针的讨论，是知识分子出人头地的重要手段，从而涌现出了一大批擅长政论的散文家，这其中以贾谊和晁错最具代表性。贾谊作为西汉文坛的佼佼者，议论风生，激情澎湃，言辞恳切，说理透彻，他写的《过秦论》《治安策》《论积贮疏》，虽历时千载，至今读来依然能振聋发聩。可以说西汉的政论家还是继承了浓厚的战国纵横家遗风，在遣词造句中又处处流露出诗人的气质，词语讲究，感情充沛，行文流畅，对后世影响深远。

独开风气、影响深远的两汉史传散文

中国人撰写历史著作，先秦时期有《尚书》《左传》《国语》《战国策》开风气之先，而到了汉代，西汉则以司马迁撰写的《史记》为代表，东汉则以班固的《汉书》为代表。《史记》是汉代散文的最高成就，它不仅是我国古代源远流长的历史散文作品的顶峰，而且还开创了新的

文学门类——传记文学,并为后世树立了一座难以企及的丰碑。《史记》以高超的写人艺术、深沉的人生感慨、优秀的语言艺术在中国古代散文的发展史上起了承先启后的作用,集先秦之大成,又为后世之楷模。

朴质厚重、稳妥典雅的东汉散文

历史发展到东汉时期,散文从整体上来说,已经没有了西汉时期那种纵横恣肆、气势磅礴的特点,转而呈现出朴质厚重、稳妥典雅的特征。如班固的《汉书》,就有浓厚的儒家正统思想特色,即便是与《史记》同一人物的传记,其区别也很明显。而且东汉时期的散文最显著的特点是散文的范围有所扩充,品种有所增加,思想内容和语言风格也出现了新的特色。如论说性散文出现针砭时弊的倾向,作家的自主意识有所加强。书、檄、笺不仅用来议政,也用来进行私人交际,特别是书,几乎成了求荐、荐人、酬谢等日常生活的专用文体。

雄健深沉、慷慨悲凉的三国时期散文

三国时期是中国文学自觉时代的开端时期,它摆脱了儒学的禁锢,开始朝着文学本体的方向进行探索。论起散文成就,以曹魏为主,吴、蜀两国为辅。此时的散文名家,当属曹操、曹丕和曹植父子。曹操的散文富有创造性,文风简朴,文思通脱,鲁迅称其为"改造文章的祖师"。曹操的散文代表作有《求贤令》《祀故太尉桥玄文》等;而曹丕的散文则以书札见长,如《与吴质书》就是典型;而其所著《典论·论文》更是中国文学批评史上重要的理论文献。曹植文思富丽,情采并茂,《洛神赋》虽是骈文,却是流传千古的古文名篇。

三国诸家中,文名盛者不得不提到诸葛亮,其代表作《出师表》,言辞剀切,志笃文实,叮嘱周详,感人至深,故为后世称颂为"表中之英"。其他如《诫子书》《与群下教》等篇,言辞精粹,说理透辟,也很感人。

倜傥风流、清新流丽的两晋南北朝散文

三国后期至西晋初期，随着清谈之风盛行，论辩文在王弼、何晏以及竹林七贤中的嵇康、阮籍等人的推动下走向高峰，其文章深辩玄理，言简意赅，追求精微。此时的史传散文首推陈寿的《三国志》，其中若干人物的传记独具特色，如《诸葛亮传》《周瑜传》就是典型。疏表类文章中，首推李密的《陈情表》，剖陈衷肠，字字哀婉，句句恳切，感人肺腑。西晋时期，随着骈文的出现，散文也出现了半散半骈的风尚。

到了东晋时期，骈文更为流行，散文逐渐式微，但其中以散文写作仍不乏其人，最具代表性的就是王羲之和陶渊明。王羲之作为"书圣"，其散文以《兰亭集序》独步一时，震古烁今。笔势飘逸，清朗流丽，清淡自然是其散文的神韵所在。陶渊明散文，以质朴语言、平和心态，自然得体地抒发自己的深刻思想与真挚感情。其代表作有《桃花源记》和《五柳先生传》。

南北朝时期，是骈文的鼎盛时代，几乎所有用到文字的地方，都有骈文的痕迹。即便是这样，南北朝时期的散文也有其独到的地方。如刘义庆编撰的《世说新语》，虽寥寥数语，刻画人物神态、心理极其精准，不少篇目至今仍脍炙人口。而此时的书札短幅，虽受骈文影响，却依然有杰作出现，其代表人物就是陶弘景和吴均。北朝文学在当时基本上以模拟南朝为主，骈文也是大行其道，在这样的背景下，北方的散文家首推郦道元，其散文成就主要体现在《水经注》中。《水经注》虽是一部学术专著，但其中一些写景文字优美动人，历来为人们所称颂，被后世赞誉为山水文学的杰作，而郦道元更被推崇为我国游记散文的开创者。

贾谊：政论的先驱，汉儒的典范

贾谊（前200—前168），洛阳（今河南洛阳）人。西汉初年著名的政论家、思想家、文学家。18岁即有才名，被河南郡守吴公召置门下，成为郡守的门客。22岁时，郡守吴公被汉文帝任命为廷尉，贾谊因吴公的推荐，被文帝任命为博士。不到一年，贾谊因才能出众、见解精辟被破格提拔为太中大夫。公元前178年，汉文帝打算任命贾谊为公卿，贾谊因此遭群臣忌恨，被外放为长沙王太傅。后被召回长安，为梁怀王太傅。梁怀王坠马而死，贾谊深自歉疚，33岁忧伤而死。后世因贾谊曾担任长沙王太傅，故称其为"贾长沙""贾太傅"。

贾谊的著作主要有散文和辞赋两类。散文如《过秦论》《论积贮疏》《陈政事疏》等都很有名；辞赋以《吊屈原赋》《鵩鸟赋》最著名。其著作集为《新书》，是他的政论集，原有56篇，后世流行版本已非全貌。贾谊的政治思想是以礼为体，以法为用。以礼建立人与人的合理关系，以法去掉实现礼的障碍，并发挥以礼为政、以礼为教的效能。

贾谊根据"五德终始说"，认为秦是水德、尚黑、以六为纪，那么五行相克，土克水，汉朝就应该是土德、尚黄、以五为纪，以此从礼的层面证明汉代秦的正义性。贾谊提出的"改正朔，易服色"不仅是为了论证汉朝政权的正统性，也是希望建立分明的等级制度，加强皇权和中央集权。贾谊的思想主张在他去世多年后得以实现，汉武帝所颁布的大政方针，在贾谊《治安策》中几乎都有体现。

贾谊虽然早逝，但其文采与见识深受后人赞叹。司马迁说："及见贾生吊之，又怪屈原以彼其材，游诸侯，何国不容，而自令若是。读《鵩鸟赋》，同死生，轻去就，又爽然自失矣。"刘勰在《文心雕龙》中写道："贾谊浮湘，发愤吊屈；体同而事核，辞清而理哀，盖首出之作也。"

过秦论（上）

[西汉] 贾谊

小·档案

出　　处：《新书》。

名　　句：奋六世之余烈，振长策而御宇内，吞二周而亡诸侯，履至尊而制六合，执敲扑而鞭笞天下，威振四海。

文　　体：政论。

秦孝公①据崤函（xiáo hán）②之固，拥雍州③之地，君臣固守以窥周室④，有席⑤卷天下，包举宇内，囊括四海之意，并吞八荒⑥之心。当是时也，商君⑦佐之，内立法度，务耕织，修守战之具，外⑧连衡而斗诸侯⑨。于是秦人拱手⑩而取西河⑪之外。

【注释】①[秦孝公]战国时秦国的国君，名渠梁。②[崤函]崤山和函谷关。③[雍州]古九州之一，在今陕西中北部，甘肃、青海的东南部和宁夏一带。④[周室]指代东周天子之位。⑤[席]像用席子一样。⑥[八荒]指代"天下"，原指八方最边远的地方。⑦[商君]即商鞅。⑧[外]对国外。⑨[斗诸侯]使诸侯自相争斗。⑩[拱手]两手合抱，形容毫不费力。⑪[西河]又称河西，战国时魏地。

孝公既没①，惠文、武、昭襄②蒙故业，因③遗策，南取汉中，西举巴、蜀，东割膏腴（gāo yú）④之地，北收要害之郡⑤。诸侯恐惧，会盟而谋弱秦，不爱⑥珍器重宝肥饶之地，以致⑦天下之士，合从⑧缔交，相与为一。当此之时，齐有孟尝，赵有平原，楚有春申，魏有信陵。此四君⑨者，皆明智而忠信，宽厚而爱人，尊贤而重士，约⑩从离⑪衡，兼⑫韩、魏、燕、楚、齐、赵、宋、卫、中山之众。于是六国之士，有宁（nìng）越、徐尚、苏秦、杜赫㊣之属为之谋，齐明、周最、陈轸、召（shào）滑、楼缓、翟（zhái）景、苏厉、乐（yuè）毅⑭之徒通其意，吴起、孙膑、带佗、倪良、王廖、田忌、廉颇、赵奢⑮之伦制⑯其兵。尝以十倍之地，百万之众，叩关⑰而攻秦。秦人开关延敌，九国之师，逡（qūn）巡⑱而不敢进。秦无亡⑲矢遗镞（zú）之费，而天下诸侯已困矣。于是从散约败，争割地而赂秦。秦有余力而制⑳其弊，追亡㉑逐北，伏尸百万，流血漂橹；因㉒利乘便，宰割天下，分裂山河。强国请服，弱国入朝。延及孝文王、庄襄王，享国之日浅，国家无事。

【注释】①［没］同"殁"，死。②［惠文、武、昭襄］即秦国的惠文王、武王、昭襄王三位国君。③［因］沿袭。④［膏腴］指土地肥沃。⑤［要害之郡］（政治、经济、军事上都）非常重要的地区。⑥［爱］吝惜。⑦［致］招纳。⑧［合从］六国诸侯联合抗秦的策略。⑨［四君］指孟尝君、平原君、春申君、信陵君。⑩［约］结盟。⑪［离］使离散。⑫［兼］兼并，统一。⑬［宁越］中牟人。［徐尚］宋人。［苏秦］洛阳人，是当时的"合纵长"。［杜赫］周人。⑭［齐明］东周臣。［周最］东周君之子。［陈轸］齐人，纵横家。［召滑］楚人。［楼缓］赵人。［翟景］魏人。［苏厉］洛阳人，苏秦的弟弟。［乐毅］赵人，战国名将。⑮［吴起］魏将，后入楚。［孙膑］齐将。［带佗］楚将。［倪良、王廖］都是当时的兵家。［田忌］齐将。［廉颇、赵奢］赵将。

阅读提示

商鞅变法是商鞅在秦孝公支持下在秦国实施的政治改革。前后分两次进行，首次开始于公元前356年，第二次开始于公元前350年。经过商鞅变法，秦国富国强兵，奠定了秦国在战国时代的雄厚实力，既对秦国的崛起发挥了重要的作用，又为秦国统一六国奠定了雄厚基础。

⑯[制]统领。⑰[叩关]攻打函谷关。⑱[逡巡]有所顾虑而徘徊不敢前进。⑲[亡]丢失。⑳[制]制服。㉑[亡]逃亡的军队。㉒[因]趁着。

及至始皇，奋六世①之余烈，振长策而御②宇内，吞二周③而亡诸侯，履至尊④而制六合，执敲扑而鞭笞天下，威振⑤四海。南⑥取百越之地，以为桂林、象郡；百越之君，俯首系颈⑦，委命下吏⑧。乃使蒙恬北⑨筑长城而守藩篱，却匈奴七百余里；胡人不敢南下而牧马，士不敢弯弓而报怨。于是废先王⑩之道，焚百家之言⑪，以愚黔首；隳（huī）名城⑫，杀豪杰；收天下之兵，聚之咸阳，销锋镝（dí）⑬，铸以为金人十二，以弱⑭天下之民。然后践华为城，因河为池，据亿丈之城⑮，临不测之渊，以为固。良将劲弩守要害之处，信臣⑯精卒陈利兵而谁何。天下已定，始皇之心，自以为关中⑰之固，金城⑱千里，子孙帝王⑲万世之业也。

【注释】①[六世]指秦孝公、惠文王、武王、昭襄王、孝文王、庄襄王。②[御]驾驭，统治。③[二周]战国晚期，东周分裂为东周、西周两个小国。④[履至尊]登帝位。⑤[振]同"震"，震惊。⑥[南]向南。⑦[俯首系颈]意思是愿意顺从投降。⑧[下吏]下级司法官吏。⑨[北]在北方。⑩[先王]古代贤王。⑪[百家之言]指各学派的著作。⑫[隳名城]毁坏高大的城墙。⑬[销锋镝]销毁兵器。⑭[弱]使（天下百姓）衰弱。⑮[亿丈之城]指华山。⑯[信臣]可靠的大臣。⑰[关中]秦以函谷关为门户，关中即指秦雍州地。⑱[金城]坚固的城池。⑲[子孙帝王]子子孙孙称帝称王。

始皇既没，余威震于殊俗①。然陈涉瓮牖（yǒu）绳枢②之子，氓（méng）隶③之人，而迁徙之徒④也；才能不及中人⑤，非有仲尼、墨翟（dí）之贤，陶朱、猗（yī）顿之富；蹑足行伍（háng wǔ）⑥之间，而倔⑦起阡陌（qiān mò）之中，率疲弊之卒，将数百之众，转而攻秦；斩木为兵，揭竿为旗，天下云集响应,赢粮而景从⑧。山东豪俊遂并起而亡秦族矣。

【注释】①[殊俗]不同的风俗,指边远的地方。②[瓮牖绳枢]以破瓮作窗户,用草绳替代户枢系门板,形容家里贫穷。牖,窗户。③[氓隶]农村中地位低下的人。④[迁徙之徒]被征发戍边的人。⑤[中人]平常的人。⑥[蹑足行伍]置身于戍卒的队伍中。⑦[倔]同"崛",兴起。⑧[赢粮而景从](许多人)担着粮食如影随形地跟着(陈涉)。赢,担负。景,同"影"。

且夫①天下非小弱也,雍州之地,崤函之固,自若也。陈涉之位,非尊于齐、楚、燕、赵、韩、魏、宋、卫、中山之君也;锄耰(yōu)棘矜(qín)②,非铦(xiān)于钩戟长铩(shā)③也;谪戍之众,非抗于九国之师也;深谋远虑,行军用兵之道,非及④向时之士也。然而成败异变,功业相反,何也?试使山东之国与陈涉度(duó)长絜(xié)⑤大,比权量力,则不可同年而语矣。然秦以区区之地,致万乘⑥之势,序八州⑦而朝同列⑧,百有⑨余年矣;然后以六合为家,崤函为宫;一夫作难(nàn)而七庙⑩隳,身死人手,为天下笑者,何也?仁义不施而攻守之势异也。

【注释】①[且夫]复合虚词,表递进,相当于"再说""而且"。②[耰]古时的一种碎土平田用的农具,似耙而无齿。[棘]酸枣木。[矜]矛柄,这里指木棍。③[铦]锋利。[钩]短兵器,似剑而曲。[戟]以戈和矛合为一体的长柄兵器。[长铩]长矛。④[及]赶得上,追得上。⑤[絜]衡量。⑥[万乘]兵车万辆,表示军事力量强大。⑦[序八州]统理八州。序,座次,这里指安置使有序。⑧[朝同列]使六国诸侯都来朝见。⑨[有]同"又"。⑩[七庙]古代天子供奉祖先的宗庙。

译文

秦孝公占据着崤山和函谷关的险固地势，拥有雍州的土地，君臣牢固地守卫着，暗中窥伺周王室，有统一天下、包有世界、拥有四海的意图，及屯兵四方之地的雄心。这期间，商鞅辅佐他，对内建立法规制度，从事耕作纺织，修造防守和进攻的器械；对外实行连横策略，使诸侯自相争斗。因此，秦人轻而易举地夺取了黄河以西的土地。

秦孝公死了以后，惠文王、武王、昭襄王承继先前的基业，沿袭前代的策略，向南夺取汉中，向西攻取巴、蜀，向东割取肥沃的土地，收服地势险要的州郡。诸侯恐慌害怕，集会结盟，商议削弱秦国，他们不吝惜奇珍贵重的器物和肥沃富饶的土地，用来招纳天下的优秀人才，采用合纵的策略缔结盟约，互相援助，成为一体。在这个时候，齐国有孟尝君，赵国有平原君，楚国有春申君，魏国有信陵君。这四位封君，都见识英明有智谋，心地诚实而讲信义，待人宽宏厚道而爱惜人民，尊重贤才而重用士人，以合纵之约击破秦的连横之策，联合韩、魏、燕、楚、齐、赵、宋、卫、中山的部队。在这时，六国的士人，有宁越、徐尚、苏秦、杜赫等人为他们出谋划策，齐明、周最、陈轸、召滑、楼缓、翟景、苏厉、乐毅等人沟通他们的意见，吴起、孙膑、带佗、倪良、王廖、田忌、廉颇、赵奢等人统率他们的军队。他们曾经用十倍于秦的土地，上百万的军队，进逼函谷关来攻打秦国。秦人打开函谷关口迎战敌人，但九国的军队有所顾虑，徘徊不敢入关。秦人没有一兵一卒的耗费，然而天下的诸侯就已窘迫不堪了。于是，纵约失败了，各诸侯国争着割地来贿赂秦国。秦有剩余的力量趁他们困乏而制服他们，追赶逃走的败兵，百万败兵横尸道路，流淌的血液可以把盾牌都漂浮起来了。秦国凭借这有利的形势，割取天下的土地，重新划分山河的区域。强国主动表示臣服，弱国入秦朝拜。延续到孝文王、庄襄王，统治的时间不长，秦国并没有什么大事发生。

到秦始皇的时候，发展六世遗留下来的功业，以武力来统治各国，吞并东西二周而灭亡六国诸侯，登上皇帝的宝座来统治天下，用严酷的刑罚来奴役天下的百姓，威权震慑四海。秦始皇向南攻取百越的土地，把它划为桂林郡和象郡；百越的君主低着头，颈上捆着绳子愿意服从投降，听命于秦朝小吏。秦始皇于是又命令蒙恬在北方修筑长城，守卫边境，使匈奴退却七百多里；胡人不敢下到南边来放牧，勇士不敢拉弓射箭来报仇。秦始皇接着就废除古代帝王的治世之道，焚烧诸子百家的著作，来使百姓愚蠢；毁坏高大的城墙，杀掉英雄豪杰；收缴天下的兵器，集中在咸阳，销毁兵刃和箭头，冶炼它们铸造十二个金人，以便削弱百姓的反抗力量。然后凭借华山为城墙，依据黄河为城池，凭借着高耸的华山，往下看着深不可测的黄河，认为这是险固的地方。好的将领拿着强劲的弓弩，守卫着要害的地方；可靠的官员和精锐的士卒，拿着锋利的兵器，盘问过往行人。天下已经安定，秦始皇心里自认为这关中的险固地势、方圆千里的坚固的城防，是子子孙孙称帝称王直至万代的基业。

秦始皇去世之后，他的余威依然震慑着边远地区。可是，陈涉不过是个破瓮作窗户、草绳作户枢的贫家子弟，低贱的种田人，后来做了被迁谪戍边的卒子；才能不如普通人，并没有孔丘、墨翟那样的贤德，也不像范蠡、猗顿那样富有。他跻身于戍卒的队伍中，从田野间突然奋起发难，率领着疲惫无力的士兵，指挥着几百人的队伍，掉转头来进攻秦国。他们砍下树木作武器，举起竹竿当旗帜，天下豪杰像云一样聚集，回声似的应和他，许多人都背着粮食如影随形地跟着他，崤山以东的英雄豪杰于是一齐起事，消灭了秦的家族。

况且那天下并没有缩小削弱，雍州的地势，崤山和函谷关的险固，依然保持原来的样子。陈涉的地位，没有比齐、楚、燕、赵、韩、魏、宋、卫、中山的国君更加尊贵；锄头、木棍也不比钩戟长矛更锋利；那迁谪戍边的士兵也不能和九国部队抗衡；深谋远虑，行军用兵的方法，也比不上先前九国的武将谋臣。可是条件好者失败而条件差者成功，功业完全相反，这是为什么呢？假使拿崤山以东的诸侯国跟陈涉比一比长短大小，量一量权势力量，就更不能相提并论了。然而秦凭借着它的小小的地方，发展到兵车万乘的国势，管辖全国，使六国诸侯都来朝见，已经一百多年了；这之后把天下作为家业，用崤山、函谷关作为自己的内宫；陈涉一人起义国家就灭亡了，秦王子婴死在别人手里，被天下人耻笑，这是为什么呢？就因为不施行仁政而使攻守的形势发生了变化啊。

欣赏文言之美

从明、清到当代，几乎所有的古文选本都收录了《过秦论》（上），前人对它的评价很高。清人姚鼐在《古文辞类纂》中评它为"雄骏闳肆"，近人吴闿生在《古文范》的夹批中评它"通篇一气贯注，如一笔书，大开大阖"。归纳大多数评论者的意见，主要说这篇文章气势充沛，一气呵成，是一篇气"盛"的文章。

本篇之所以气盛而传诵不朽，之所以使人觉得有说服力，有三个原因。第一个是最主要的，即这篇文章虽是议论文，其中却用了十之七八的篇幅来叙事。用叙事来议论，是本篇最大的特点。作者用千余字的篇幅叙述了从秦孝公到秦亡国这一百多年来的历史，概括地说明了秦由盛而衰的全过程和主要现象，同时还贯穿了作者本人的观点来说明其兴衰的关键所在，这就帮助我们对这一段历史有比较清楚的认识。

　　第二个使读者感到文章气盛的原因，亦即本篇所具有的另一特点：贾谊在用写赋的手法来写议论文。写赋是需要铺张和夸大的，这篇文章通篇都采用了这种手法。比如第一段"有席卷天下"四句，"席卷""包举""囊括""并吞"等词，基本同义；"天下""宇内""四海"和"八荒"，也是同一个意思。同一个意思而一连写上好几句，既有排比又有对仗，这就是写赋的铺排和夸张手法。下面第二、第四、第五等段中，都有类似的句子，不胜枚举。所谓"铺张扬厉"，主要就是指这一类句子。这样，气势自然就充沛了，自然让读者感受到作者的笔锋锐不可当，咄咄逼人，读起来有劲头，有说服力，而且有欲罢不能之感。这是由于作者本人原是一位辞赋作家。作为作家，贾谊不仅是政治家，也是文学家；作为作品，《过秦论》同样具有文学作品的艺术特色。

　　第三个原因，也是这篇文章所具有的第三个特点，即作者用全篇对比的手法写出了他的论点。对比手法并不稀奇，而本篇精彩处在于作者用了四个方面的对比：秦国本身先强后弱、先盛后衰、先兴旺后灭亡的对比；秦与六国的对比；秦与陈涉的对比；陈涉与六国的对比。几种对比交织在一起，结构自然宏伟，气势也自然磅礴，论点也显得更有分量了。主客观形势的不同，强弱盛衰难易的不同，都从几个方面的对比中显现出来。而文章气盛的道理，便不难理解了。

论积贮疏

[西汉] 贾谊

小·档案

出　处：《汉书·食货志》。
名　句：一夫不耕，或受之饥；一女不织，或受之寒。夫积贮者，天下之大命也。苟粟多而财有余，何为而不成？以攻则取，以守则固，以战则胜。
文　体：政论。

管子①曰："仓廪②实而知礼节③。"民不足④而可治⑤者，自古及今，未之尝闻⑥。古之人曰："一夫不耕，或⑦受之饥；一女不织，或受之寒。"生之有时⑧而用之亡度⑨，则物力⑩必屈⑪。古之治天下，至纤（xiān）⑫至悉也，故其畜⑬积足恃。今背本而趋末⑭，食者甚众，是天下之大残也；淫侈之俗⑮，日日以长，是天下之大贼也。残贼公行⑯，莫之或止；大命将泛⑰，莫之振救。生之者甚少，而靡之者甚多，天下财产何得不蹶⑱！

【注释】①［管子］即管仲。②［廪］米仓。③［礼节］礼仪法度。④［不足］指衣食不足，缺吃少穿。⑤［治］治理，管理。⑥［未之尝闻］即"未尝闻之"，没有听说过这回事。⑦［或］有的人。⑧［生之有时］生产有时间的限制。⑨［度］限制，节制。⑩［物力］指财物，财富。⑪［屈］竭，穷尽。⑫［纤］通"纤"，细致。⑬［畜］通"蓄"，积聚，储藏。⑭［背本而趋末］放弃根本的事，去做不重要的事。⑮［淫侈之俗］奢侈的风气。⑯［公行］公然盛行。⑰［泛］通"覂"，翻覆，覆灭。⑱［蹶］倾竭，竭尽。

锦绣文章的华丽风行：两汉魏晋南北朝古文

汉之为汉①，几四十年矣，公私之积，犹可哀痛！失时②不雨，民且狼顾③；岁恶④不入，请卖爵子，既闻耳矣。安有为天下阽（diàn）危⑤者若是而上不惊者？世之有饥穰（ráng）⑥，天之行也，禹、汤被⑦之矣。即不幸有方二三千里之旱，国胡以相恤⑧？卒然⑨边境有急，数千百万之众，国胡以馈⑩之？兵旱相乘，天下大屈，有勇力者聚徒而衡击⑪；罢（pí）夫羸（léi）⑫老易子而咬其骨。政治未毕通也，远方之能疑者，并举而争起矣。乃骇而图之，岂将有及乎？

【注释】①[汉之为汉]意谓汉朝自从建立政权以来。②[失时]错过季节。③[狼顾]狼性多疑，行走时常回头看，以防袭击，比喻人有后顾之忧。④[岁恶]年景不好。⑤[阽危]危险。⑥[饥穰]荒年和丰年。此处实指灾荒之年。⑦[被]遭，受。⑧[恤]周济，救济。⑨[卒然]突然。卒，同"猝"。⑩[馈]进食于人，此处指发放粮饷，供养军队。⑪[衡击]横行劫掠攻击。⑫[羸]瘦弱。

　　夫积贮者，天下之大命①也。苟粟多而财有余，何为而不成？以攻则取，以守则固，以战则胜。怀敌②附远，何招而不至？今驱民而归之农，

皆著③于本；使天下各食其力，末技游食之民，转而缘南亩，则畜积足而人乐其所矣。可以为富安天下④，而直为此廪廪⑤也，窃为陛下惜之。

【注释】①[大命]大命脉，犹言"头等大事"。②[怀敌]使敌对者来归顺。③[著]附着。④[富安天下]使天下富足安定。⑤[廪廪]同"懔懔"，危惧的样子。

译文

管子说："粮仓充足，百姓就懂得礼节。"百姓缺吃少穿而能使国家安定的，从古到今，没有听说过这回事。古代的人说："一个男子不耕种，就会有人因此挨饿；一个女子不纺织，就会有人因此受冻。"生产东西有时节的限制，而消费它却没有限度，那么社会财富一定会缺乏。古代的人治理国家，考虑得极为细致和周密，所以他们的粮食积贮足以作为依靠。现在人们弃农经商，不生产而吃粮的人很多，这是国家的大祸患。过度奢侈的风气一天天地滋长，这也是国家的大祸患。这两种大祸患公然盛行，没有人去稍加制止；国家的命运将要覆灭，没有人去挽救。生产的人极少，而消费的人很多，国家的财富怎能不枯竭呢？

汉朝从建国以来，快四十年了，公家和个人的积贮还少得令人痛心。错过季节不下雨，百姓就将忧虑不安；年景不好百姓纳不了税，朝廷就要出卖爵位，百姓就要出卖儿女；这样的事情皇上已经耳有所闻了。哪有治理国家已经到如此危险的地步，而皇上不震惊的呢？世上有灾荒，这是自然界常有的现象，夏禹、商汤那样的治世年代都曾遭受过。假如不幸再有方圆二三千里的地方发生大旱灾，国家用什么去救济灾区？如果突然边境上有紧急情况，成千上万的军队，国家拿什么去发放粮饷？假若战乱、旱灾交互侵袭，国家财富极其缺乏，胆大力壮的人就聚集起来横行抢劫，年老体弱的人就互换子女来啃他们的骨头。政治的力量还没有完全达到各地，边远地方敢于同皇上对抗的人，就一同举兵起来造反了。那时皇上才惊慌不安地谋划对付他们，怎么来得及呢？

积贮，是关系到国家安危存亡的命脉所在。如果粮食多、财力充裕，干什么事情会做不成？凭借它去进攻就能攻取，凭借它去防守就能巩固，凭借它去作战就能战胜。使敌对的人归降，使远方的人顺附，招谁而不来呢？现在如果驱使百姓，让他们归向农业，都附着于本业，使天下的人靠自己的劳动而生活，工商业者和不劳而食的游民，都转向田间从事农活，那么积贮就会充足，百姓就能安居乐业了。本来可以做到使国家富足安定，现在却造成了这种令人危惧的局面，我真替陛下痛惜啊！

欣赏文言之美

这篇奏疏出自《汉书·食货志》，标题为后人所加。此文的写作背景是西汉初年，经济上面临着严重危机。贾谊针对这一危机，提出了自己的解决方案——加强积贮。文章从多个角度论述了加强积贮对国计民生的重大意义，表现了贾谊作为一个思想家、政治家的真知灼见。

文章开宗明义，以管仲"仓廪实而知礼节"这一观点为出发点，同时引用古人"一夫不耕，或受之饥；一女不织，或受之寒"的论点，对照西汉初期社会上食者众、靡者多、积蓄少的现象，提醒汉文帝必须慎重正视这一严重的社会问题。中间部分举例说明积贮的重要性，言辞恳切，最能动人。文章结尾归结到"夫积贮者，天下之大命也"，提出"苟粟多而财有余，何为而不成""怀敌附远，何招而不至"的重大利好。在此基础上提出了"驱民而归之农，皆著于本；使天下各食其力"的具体方针。

在写作手法上，此文理论与实际紧密结合，围绕"积贮"这一论点，从正反两面展开讨论。文章首段从历史的角度对重积贮的理论和经验进行了概括，阐明积贮与国计民生的关系，这是从正面加以论述。而后又以古例今，指出当时社会上生产少，消费多，淫侈之风弥漫，国家如果不重视积贮就有覆亡可能的危险形势，说明不重积贮的危害，这是从反面论述。古今对比，正反结合，让文章的论点更为突出，说明更为翔实。第二段，接着上文的论述，又从战争和自然灾害两个方面展开论述，将积贮的重要性提到了国家存亡的高度，这是从反面进一步延伸，从而为第三段的论点进行铺垫。至第三段在前面充分论述的基础上，自然而然地归纳出"夫积贮者，天下之大命也"的中心论点，并与前两段的有关部分进行对比论证，阐明积贮是国家富强的根本大计，从而提出重视农业生产是加强积贮的根本方针，在手法上从反面又回到正面。

这篇文章虽然短小，却充分展现了贾谊对文字的驾驭能力，其朴实峻拔、议论酣畅的风格在这篇文章中展现得淋漓尽致。

淮南小山：淮南王门客的集体署名

淮南小山，是西汉淮南王刘安的一部分门客的共称。今仅存辞赋《招隐士》一篇。《汉书·艺文志》著录"淮南王群臣赋四十四篇"，《招隐士》当是其中的一篇。此篇始见于东汉王逸的《楚辞章句》，题为淮南小山作，然而萧统《文选》则题为刘安作。

招隐士

[西汉] 淮南小山

小档案

出　处：《楚辞章句》。
名　句：王孙游兮不归，春草生兮萋萋。
　　　　王孙兮归来，山中兮不可以久留。
文　体：骚体。

桂树丛生兮山之幽，偃蹇（yǎn jiǎn）连蜷[1]兮枝相缭（liáo）。山气巃嵷（lóng sǒng）[2]兮石嵯峨，溪谷崭岩[3]兮水曾波。猿狖（yòu）[4]群啸兮虎豹嗥，攀援桂枝兮聊淹留[5]。王孙游兮不归，春草生兮萋萋。岁暮兮不自聊，蟪蛄（huì gū）[6]鸣兮啾啾。坱（yǎng）兮轧（yà）[7]，山曲岪（fú）[8]，心淹留兮恫（dòng）慌忽[9]。罔兮沕（mì）[10]，憭（liǎo）兮栗[11]，虎豹穴，丛薄深林兮人上栗。嶔（qīn）岑碕礒（qí yǐ）[12]兮硱磳（jūn zēng）磈硊（kuǐ guì）[13]，树轮[14]相纠兮林木茇骫（bá wěi）[15]。青莎杂树[16]兮薠（fán）草靃靡（huò mí）[17]，白鹿麏（jūn）麚（jiā）[18]兮或腾或倚。状貌崟崟（yín yín）[19]兮峨峨，凄凄兮漇漇（xǐ xǐ）[20]。猕猴兮熊罴，慕类兮以悲。攀援桂枝兮聊淹留，虎豹斗兮熊罴咆，禽兽骇兮亡其曹。王孙兮归来，山中兮不可以久留。

【注释】①［偃蹇连蜷］屈曲的样子。②［巃嵸］云气弥漫的样子。③［崭岩］险峻的样子。④［狖］长尾猿。⑤［淹留］久留。⑥［蟪蛄］夏蝉。⑦［块兮轧］云气浓厚广大的样子。⑧［曲弟］山势曲折盘纡的样子。⑨［恫慌忽］忧思深的样子。⑩［罔兮沕］失神落魄的样子。⑪［憭兮栗］恐惧的样子。⑫［欶岑碕礒］形容山石形状的形容词。⑬［碅磳魂硊］均为怪石貌。⑭［轮］横枝。⑮［莈骫］盘纡的样子。⑯［杂树］犹言丛生。⑰［蘋］一种似莎而比莎大的草。［霍靡］意思指草木茂密貌。⑱［麏］同"麇"，獐。［麚］公鹿。⑲［崟崟］高耸的样子。⑳［溰溰］润泽的样子。

译文

桂树丛生啊在那深山幽谷，枝条弯弯啊纠结缠绕在一起。山中云雾弥漫啊岩石巍峨，山谷险峻啊溪水激起层层浪波。虎豹吼叫啊群猿悲啼，登山升树啊王孙隐居在这里。王孙久留深山不归来啊，满山遍野啊春草萋萋。转眼岁末心中烦乱啊，满耳夏蝉哀鸣声声急。山中啊云遮雾盖，深山啊盘曲险阻，久留山中啊寂寞无聊少快意。没精神，心恐惧，虎豹奔突，战战兢兢上树去躲避。那山石横出竖立，怪怪奇奇。那树林枝干扭结，茂茂密密。那青莎丛生啊蘋草遍地，那成群的野鹿和獐子，有的欢跳，有的休息。头上的犄角高高耸立，满身的丰毛光泽如洗。那猴子和熊罴，呼唤同伴声声悲啼。你攀山登树隐居在这里，多险恶啊，虎豹争斗熊罴叫，吓得飞禽走兽四散逃。王孙啊，回来吧，山中险恶不可久留居！

欣赏文言之美

《招隐士》这篇文章之所以能被收入《楚辞》之中，一个重要的原因是他继承了楚辞的写作风格，但是在句式变化上又有所创新，并不拘泥于楚辞的收发。整篇文章大量使用形容性词句，自然而然地营造出了一种森然可怖的画面，以及令人魂悸魄动的情感色彩。作者大量使用夸张、渲染的手法，描摹深山荒谷的幽邃和险恶，而虎啸猿悲的凄厉，又从声音角度加深了这种幽邃和险恶，从而造就了触目惊心的艺术境界，自然而然地表达了作者渴望隐者早日归还的急迫心情。

全文分为两部分：第一部分从篇首至"蟪蛄鸣兮啾啾"，主要描写王

《招隐士》，所招的"隐士"是谁

王夫之《楚辞通释》说："今按此篇，义尽于招隐，为淮南召致山谷潜伏之士。"细绎其意，诗中"王孙"并非泛指"山谷潜伏之士"。金秬香《汉代词赋之发达》一文说："小山《招隐》，何为而作也？详其词意，当是武帝猜忌骨肉，适淮南王安入朝，小山之徒，知逸衅已深，祸变将及，乃作此以劝王亟谋返国之作。"换句话说，门客小山之徒以山中景物之惊心可怖暗示朝中形势的复杂和淮南王处境的危险，并以楚辞形式予以规劝，这样的揣测应该是比较合乎情理的。

孙隐处深山、攀援桂枝、淹留不归的情景，而其所处的环境又是猿狖哀鸣、深山幽壑，王孙的境遇引起了亲朋故友的焦虑与不安，春草、蟪蛄二句，是后世传颂的名句，更是作者对王孙不归的惆怅心情的直接表达。

  第二部分从"块兮轧"始至篇末。这一部分大量采用了生僻字词来描写环境，同类型词的循环使用，将山石巍峨、雾岚郁结、虎豹奔突、林木幽深的山中险境刻画得阴森可怖。在这样的背景下，作者以禽兽失群而相呼号为比拟，真切呼吁王孙早早归来。

  通观全文，不难发现，《招隐士》这篇短小精悍的楚辞体文章，在描写景物的同时，感情浓郁，意味隽永，音节谐和，悱恻动人，这是其为后代所传诵、所模仿的重要原因。在写作上作者对山水景物经过浓缩、夸张、变形处理，使真山真水、飞禽走兽成为独特的文学艺术形象，渲染出一种幽深、怪异的环境气氛，弥漫着郁结、悲怆的情思，表现了王孙不可久留的主题思想。

锦绣文章的华丽风行：两汉魏晋南北朝古文

司马迁：究天人之际，通古今之变

司马迁（前145或前135—？），字子长，西汉太史令司马谈之子，左冯翊夏阳（今陕西韩城）人，西汉时期的史学家、文学家、思想家，被后世尊称为"太史公"。他早年受学于孔安国、董仲舒等当世大儒，并畅游各地，收集传闻史料。20岁时，司马迁从长安出发，足迹遍及江淮和中原地区，所到之处，对当地的风土人情进行考察。25岁时，司马迁以使者监军的身份出使西南夷，担负起西南设郡的任务。汉武帝元封元年（前110），其父司马谈去世。元封三年（前108），司马迁承袭父职，正式做太史令。同时继承父亲遗志，着手编撰一部通史。汉武帝太初元年（前104），司马迁和唐都、落下闳等人共同订立了"太初历"。此后，司马迁便开始潜心修史，开始了《史记》的写作。汉武帝天汉二年（前99），司马迁为李陵兵败进行辩护，惹得汉武帝大怒，遭受腐刑。他忍受着身体和心灵的巨大折磨，为完成他父亲的遗愿撰写《史记》，并于公元前91年完成全书。

《史记》是中国历史上第一部纪传体通史，记载了自传说中的黄帝到汉武帝太初年间3000年左右的历史，它与《汉书》《后汉书》《三国志》合称为"前四史"。全书包括12本纪、30世家、70列传、10表和8书，共计130卷52万6500字。司马迁撰写《史记》为的是"究天人之际，通古今之变，成一家之言"，对后世的史学和文学都产生了深远的影响，因此鲁迅先生称赞《史记》是"史家之绝唱，无韵之《离骚》"。

鸿门宴（节选）

[西汉] 司马迁

小档案

出　　处：《史记·项羽本纪》。
名　　句：今者项庄拔剑舞，其意常在沛公也。
关键词：项庄舞剑，意在沛公。
文　　体：传记。

沛公旦日从百余骑①来见项王，至鸿门，谢曰："臣与将军戮力而攻秦，将军战河北，臣战河南，然不自意②能先入关破秦，得复见将军于此。今者有小人之言，令将军与臣有郤（xì）。"项王曰："此沛公左司马曹无伤言之。不然，籍何以至此？"项王即日③因留沛公与饮。项王、项伯东向坐④；亚父南向坐，——亚父者，范增也；沛公北向坐；张良西向侍。

【注释】①[从百余骑]率领一百多人马。②[不自意]自己想不到。③[即日]当天。④[东向坐]面朝东坐。这是表示尊贵。

范增数目①项王，举所佩玉玦（jué）②以示之者三③，项王默然不应。范增起，出，召项庄，谓曰："君王为人不忍④。若⑤入前为寿，寿毕，请以剑舞，因击沛公于坐，杀之。不者⑥，若属皆且为所虏⑦！"庄则入为寿。寿毕，曰："君王与沛公饮，军中无以为乐，请以剑舞。"项王曰："诺。"项庄拔剑起舞。项伯亦拔剑起舞，常以身翼蔽⑧沛公，庄不得击。

【注释】①[目]递眼色。②[玦]环形而有缺口的佩玉。③[三]这里是表示好几次。④[忍]狠心。⑤[若]汝，你。⑥[不者]不然的话。不，同"否"。⑦[虏]俘虏。⑧[翼蔽]遮护。

读懂 小古文 爱上 大语文

于是张良至军门见樊哙。樊哙曰："今日之事何如？"良曰："甚急！今者项庄拔剑舞，其意常在沛公也。"哙曰："此迫矣！臣请入，与之同命①。"哙即带剑拥②盾入军门。交戟③之卫士欲止不内。樊哙侧其盾以撞，卫士仆④地。哙遂入，披⑤帷西向立，瞋（chēn）目⑥视项王，头发上指，目眦（zì）⑦尽裂。项王按剑而跽（jì）⑧曰："客何为者？"张良曰："沛公之参乘⑨樊哙者也。"项王曰："壮士！赐之卮酒。"则与斗卮⑩酒。哙拜谢，起，立而饮之。项王曰："赐之彘（zhì）肩⑪。"则与一生彘肩。樊哙覆其盾于地，加彘肩上，拔剑切而啖（dàn）⑫之。项王曰："壮士！能复饮乎？"樊哙曰："臣死且不避，卮酒安足辞！夫秦王有虎狼之心，杀人如不能举⑬，刑人⑭如恐不胜，天下皆叛之。怀王与诸将约曰：'先破秦入咸阳者王之。'今沛公先破秦入咸阳，毫毛不敢有所近，封闭宫室，还军霸上，以待大王来。故遣将守关者，备他盗出入与非常也。劳苦而功高如此，未有封侯之赏，而听细说⑮，欲诛有功之人，此亡秦之续耳。窃为大王不取也！"项王未有以应，曰："坐。"樊哙从良坐。坐须臾，沛公起如厕⑯，因招樊哙出。

【注释】①[与之同命]跟沛公共生死。②[拥]抱，持。③[交戟]执戟相交。④[仆]倒下。⑤[披]分开。⑥[瞋目]睁大眼睛。⑦[眦]眼眶。⑧[跽]长跪，挺直上身跪起来。⑨[参乘]即"骖乘"，古时站在车右陪乘或担任警卫的人，又叫车右。⑩[斗卮]大酒杯。

⑪〔彘肩〕猪的前腿根部。⑫〔啖〕吃。⑬〔举〕尽。⑭〔刑人〕给人用刑。⑮〔细说〕指小人的谗言。⑯〔如厕〕上厕所。

译文

刘邦第二天早晨就带着一百多人马来见项羽,到了鸿门,向项羽谢罪说:"我和将军合力攻打秦国,将军在黄河以北作战,我在黄河以南作战,但是我自己没有料到能先进入关中,灭掉秦朝,能够在这里又见到将军。现在有小人的谣言,使您和我发生误会。"项羽说:"这是沛公的左司马曹无伤说的。如果不是这样,我怎么会这么生气?"项羽当天就留下刘邦,和他饮酒。项羽、项伯朝东坐;亚父朝南坐——亚父就是范增;刘邦朝北坐;张良朝西陪坐。

范增多次向项羽使眼色,再三举起他佩戴的玉玦暗示项羽(下决心除掉刘邦),项羽沉默着没有反应。范增起身,出去召来项庄,说:"君王对待他人仁慈。你进去上前为他敬酒,敬酒完毕,请求舞剑,趁机把沛公杀死在座位上。否则,你们都将被他俘虏!"项庄就进去敬酒。敬完酒,说:"君王和沛公饮酒,军营里没有什么可以用来作为娱乐的,请让我舞剑。"项羽说:"好。"项庄拔剑起舞。项伯也拔剑起舞,常常张开双臂像鸟儿张开翅膀那样用身体掩护沛公,项庄无法刺杀沛公。

这时张良到军营门口找樊哙。樊哙问:"今天的事情怎么样?"张良说:"很危急!现在项庄拔剑起舞,他的意图常在沛公身上啊。"樊哙说:"这太危急了!请让我进去,跟他同生死。"于是樊哙拿着剑,持着盾牌,冲入军门。持戟交叉守卫军门的卫士想阻止他进去。樊哙侧着盾牌撞去,卫士跌倒在地上。樊哙于是走进去,掀开帷帐朝西站着,瞪着眼睛看着项羽,头发直竖起来,眼眶都裂开了。项羽握着剑挺起身问:"客人是干什么的?"张良说:"是沛公的参乘樊哙。"项羽说:"壮士!赏他一杯酒。"左右就递给他一大杯酒。樊哙拜谢后,起身,站着把酒喝了。项羽又说:"赏他一条猪的前腿。"左右就给了他一条生的猪前腿。樊哙把他的盾牌扣在地上,把猪腿放在盾上,拔出剑来切着吃。项羽说:"壮士!还能喝酒吗?"樊哙说:"我死都不怕,一杯酒有什么可推辞的!秦王有虎狼一样的心肠,杀人唯恐不能杀尽,处罚唯恐不能用尽酷刑,所以天下人都背叛了他。怀王曾和诸将约定:'先打败秦军进入咸阳的人封作关中王。'现在沛公先打败秦军进了咸阳,一点儿东西都不敢动用,封闭了宫室,军队退回到霸上,等待大王到来。之所以派遣将领把守函谷关,是防备其他盗贼的进入和意外的变故。这样劳苦功高,没有得到封侯的赏赐,反而听信小人的谗言,想杀有功的人,这是将已亡的秦朝的作为延续罢了。我私意认为大王不采取这种做法好!"项羽无言以对,说:"坐。"樊哙挨着张良坐下。坐了一会儿,刘邦起身去厕所,就招呼樊哙出来。

欣赏文言之美

《鸿门宴》一文,选自《史记·项羽本纪》,是《项羽本纪》中最脍炙人口的篇章。《鸿门宴》既是历史事件的展示再现,又是一篇波澜起伏的文学名篇。从选文内容上看,主要有以下艺术特色。

第一,从选文可以看出,司马迁善于通过矛盾冲突塑造人物,人物形象具有高度的个性化和典型性。对待人物的性格描述,司马迁的态度是十分鲜明的。他以极其深微而又明显的爱憎笔触,刻画了两种不同类型的人物。刘邦是一个卑鄙狡诈而又极具机变的所谓成功人物;项羽则是一个粗豪自恃、浅听轻信的所谓失败英雄。作者把刘邦、项羽放在鸿门宴这具体事件、具体矛盾中进行描绘,完成传记文学人物的典型性。刘邦和项羽,尽管是历史上的真实人物，所描绘的也完全符合真实的历史，然而后世却常用来概括两种不同类型的人。文中刘邦见项羽时的自辩，言辞恳切，足见其世情通达，能屈能伸。而项羽之妇人之仁、举棋不定在刘邦的衬托下更为明显。

第二，选文善于把巨大的历史事件与丰富的细节描写相结合，善于把生动的场面叙写与细节描绘相结合。文章在对尖锐的矛盾斗争的叙写中，完成其惊奇的富于戏剧性的故事情节。这样就使人们在千百年后，一提起鸿门宴的故事，许多活跃的人物形象，都如在眼前。《鸿门宴》一文，在这一点上，可以说是极其成功的范例。如宴会上座次的安排，主宾关系、君臣关系在座次上表现得一目了然，给读者以身临其境的感觉。

名家点评《鸿门宴》

宋代文学批评家刘辰翁评点："叙楚汉会鸿门事，历历如目睹，无毫发渗漉，非十分笔力，模写不出。"清代外交家郭嵩焘说："钜鹿、鸿门、垓下三段，自是史公《项羽本纪》中聚精会神、极得意文字。"现代作家吴汝煜说："司马迁写鸿门宴只写了项羽、刘邦一席，而实际上，当时的宴会场面是很盛大、很热闹的。随从项羽入关的赵、燕、齐、魏、韩等国诸侯王及主要将领都参与了。他们虽然没有被形诸笔端，但通过被实写的人物的语言行动可以明显地感到他们的存在。正因为人都在场，才制约了项羽的言行，帮了刘邦的大忙。"

第三，选文具有周密严谨的组织安排。在材料处理上，也能前后相生，具有缜密的逻辑联系。作者密切依照历史发展，对许多材料加以精心地选择，并进行了细密的安排组织，使矛盾一环衔着一环，使情节一波推动一波。选文从刘邦赴鸿门写起，紧接着项庄舞剑、樊哙闯帐，最后结以刘邦脱身，环环相扣，间不容发。在处理材料上，作者运用了繁、简、省、复各种不同笔法，使其相辅相成，以构成全篇严密无间的逻辑结构，帮助了主题内容的显现。

第四，选文在语言运用上达到了一个新的高度。由于作者在传记文学著作上具有独创精神和叛逆情感，所以他能自觉地靠拢人民并向民间语言学习。许多民间传说与歌谣谚语，都成为作者创作思想与创作语言的重要来源，构成作品的新鲜血液，使文章的语言艺术，推进到中古时期散文的一个新高峰：浅切、明白、活泼、朴实。如文中的项羽呼樊哙为"壮士"，让人读来倍感亲切。全文的语言风格，也充分说明司马迁操纵运用语言的能力，远远超过秦及汉初散文语言的既有水平，达到了一个新的高度。

《鸿门宴》的文学技巧，在整部《史记》当中，是具有代表性的。它不只是达到了"叙事真而描写切""语调整齐，字句锤炼"的境地，也达到了"理既切至，辞亦通畅"（《文心雕龙·奏启篇》），即神采辞章双跻峰顶的新高度。有人也用思想清新、文字精美、内容充实、组织周密四点，对整个《史记》的艺术特点作通俗的概括。这种通俗的概括评价，同样也适用于这篇文章。

乌江自刎

[西汉] 司马迁

小·档案

出　　处：《史记·项羽本纪》。
名　　句：天之亡我，我何渡为。
关 键 词：八千子弟，自刎乌江。
文　　体：传记。

于是项王乃欲东渡乌江。乌江亭长舣（yǐ）①船待，谓项王曰："江东虽小，地方千里，众数十万人，亦足王也。愿大王急渡。今独臣有船，汉军至，无以渡。"项王笑曰："天之亡我，我何渡为②！且籍与江东子弟八千人渡江而西，今无一人还，纵江东父兄怜而王我，我何面目见之？纵彼不言，籍独不愧于心乎？"乃谓亭长曰："吾知公长者。吾骑此马五岁，所当无敌，尝一日行千里，不忍杀之，以赐公。"乃令骑皆下马步行，持短兵接战。独籍所杀汉军数百人。项王身亦被③十馀创。顾见汉骑司马吕马童，曰："若非吾故人④乎？"马童面之⑤，指王翳曰："此项王也。"项王乃曰："吾

锦绣文章的华丽风行：两汉魏晋南北朝古文

29

闻汉购⑥我头千金,邑万户,吾为若德⑦。"乃自刎而死。

【注释】①[舣]整船靠岸。②[何渡为]还渡江干什么。③[被]遭受。④[故人]旧友。⑤[面之]跟项王面对面。⑥[购]悬赏征求。⑦[为若德]送给你点儿好处。

译文

　　这时候,项王想要向东渡过乌江。乌江亭长正停船靠岸等在那里,对项王说:"江东虽然小,但土地纵横各有千里,民众有几十万,也足够让您称王了。希望大王快快渡江。现在只有我这儿有船,汉军到了,没法渡过去。"项王笑了笑,说:"上天要灭亡我,我还渡乌江干什么!再说我和江东子弟八千人渡江西征,如今没有一个人回来,纵使江东父老兄弟怜爱我让我做王,我又有什么脸面去见他们?纵使他们不说什么,我项籍难道心中没有愧吗?"于是对亭长说:"我知道您是位忠厚长者。我骑着这匹马征战了五年,所向无敌,曾经日行千里,我不忍心杀掉它,把它送给您吧。"于是命令骑兵都下马步行,手持短兵器与追兵交战。仅项王一人就杀死汉军几百人。项王自己也负伤十多处。项王回头看见汉军骑司马吕马童,说:"你不是我的老朋友吗?"马童面对着他,指给王翳看:"这就是项王。"于是项王说:"我听说汉王用黄金千斤、封邑万户悬赏征求我的脑袋,我送你个人情吧。"说完便自刎而死。

欣赏文言之美

《乌江自刎》选自《史记·项羽本纪》，为其结尾的一个小情节。文章虽短，却交代了霸王项羽临终前慷慨激昂的场景。全文又可分为拒渡、赠马、赐头三个小场景。项羽败走乌江，一条大江彻底拦住了英雄去路。悲剧的大幕就要落下，司马迁在此处笔打回旋，设计了"乌江亭长舣船待"的场景。水穷云起，又见峰峦，给读者营造了英雄末路又有希望的景象。然而接下来项羽慷慨陈词，婉拒亭长。深入绝境，没有悲伤，反而是"笑曰"以对，足见霸王早已把生死置之度外，言语之间，又饱含真情，自惭无颜见江东父老，八千子弟无一人归来。此情此景，衬托出了他的纯朴、真挚、重义深情。拒渡是因为反思，赠马则是真情的直接表白。行文至此，如火山将喷薄而出，英雄形象趋于完美。孰料司马迁再换笔法，为霸王点睛。面对吕马童指点，却做出了以头颅相赠的举动。吕马童必欲杀之以邀功；项羽却慷慨赐头，"吾为若德"：两两对比，蝼蚁之微，泰山之高，何等鲜明！

项羽之死，是站着死的，让英雄的形象更为完美。项羽的一生充满传奇，最后一个场景更是这个传奇的高潮时刻。

清刘熙载《艺概》中说"太史公时有河汉之言，而意理却细入无间"；钱钟书《管锥编》所谓"马（司马迁）善设身处地，代作喉舌"，在这篇短文中表现得淋漓尽致。

锦绣文章的华丽风行：两汉魏晋南北朝古文

陈涉世家（节选）

[西汉] 司马迁

小·档案

出　　处：《史记·陈涉世家》。
名　　句：大楚兴，陈胜王。
关 键 词：篝火狐鸣。
文　　体：传记。

　　二世元年七月，发闾左適（zhé）戍渔阳①，九百人屯②大泽乡。陈胜、吴广皆次当行，为屯长。会天大雨，道不通，度（duó）③已失期。失期，法皆斩。陈胜、吴广乃谋曰："今亡亦死，举大计④亦死；等死，死国⑤可乎？"陈胜曰："天下苦秦⑥久矣。吾闻二世少子也，不当立，当立者乃公子扶苏。扶苏以数谏故，上使外将兵⑦。今或闻无罪，二世杀之。百

姓多闻其贤,未知其死也。项燕为楚将,数有功,爱士卒,楚人怜⑧之。或以为死,或以为亡。今诚以吾众诈自称公子扶苏、项燕,为天下唱⑨,宜多应者。"吴广以为然。乃行卜。卜者知其指意,曰:"足下事皆成,有功。然足下卜之鬼乎!"陈胜、吴广喜,念鬼,曰:"此教我先威众耳。"乃丹书帛曰"陈胜王",置人所罾(zēng)⑩鱼腹中。卒买鱼烹食,得鱼腹中书,固以怪之矣。又间令吴广之次所旁丛祠⑪中,夜篝火,狐鸣呼曰:"大楚兴,陈胜王。"卒皆夜惊恐。且日,卒中往往语,皆指目陈胜。

【注释】①[闾左]秦时贵右贱左,富者居住在闾右,贫者居住在闾左。故以"闾左"来指代贫苦人民。谪,同"谪",因有罪被发遣。②[屯]驻扎。③[度]估计。④[举大计]干大事,指起义。⑤[死国]为国家大事而死。⑥[苦秦]即"苦于秦",受秦统治之苦。⑦[将兵]统率军队。⑧[怜]爱,怜悯。⑨[唱]同"倡",倡导,号召。⑩[罾]渔网。这里是用渔网捕到的意思。⑪[丛祠]建在丛林中的神庙。

译文

秦二世元年七月,朝廷征发贫苦人民去驻守渔阳,九百人驻扎在大泽乡。陈胜、吴广都被编入谪戍的队伍里面,担任屯长。恰巧遇到天下大雨,道路不通,估计已经误期。误了期限,按秦朝的法律都应当斩首。陈胜、吴广于是商量说:"现在即使逃跑被抓回来也是死,发动起义也是死,同样是死,为国事而死可以吗?"陈胜说:"天下百姓受秦朝统治、逼迫已经很久了。我听说秦二世是始皇帝的小儿子,不应立为皇帝,应立的是公子扶苏。扶苏因为屡次劝谏的缘故,皇上派他在外面带兵。现在有人听说他没有罪过,秦二世却杀了他。老百姓大都听说他很贤明,而不知道他死了。项燕是楚国的将领,曾多次立下战功,又爱护士兵,楚国人都很爱戴他。有人认为他死了,有人认为他逃跑了。现在如果把我们的人假称是公子扶苏和项燕的队伍,作为天下首发,应当会有很多响应的人。"

读懂 小古文 爱上 大语文

吴广认为他讲得对。于是二人就去占卜来预测吉凶。占卜的人了解了他们的意图，就说："你们的大事都能成功，可以建立功业。然而你们把事情向鬼神卜问过吗？"陈胜、吴广很高兴，考虑卜鬼的事情，说："这是教我们利用鬼神来威服众人罢了。"于是就用丹砂在绸子上写下"陈胜王"三个字，放在别人所捕的鱼的肚子里。士兵们买鱼回来烹食，发现鱼肚子里面的帛书，本来已经对这件事感到奇怪了。陈胜又暗地里派吴广到驻地旁边丛林里的神庙中，在夜间提着灯笼，作狐狸嗥叫的凄厉的声音大喊："大楚将兴，陈胜为王。"士兵们整夜惊恐不安。第二天，士兵中到处谈论这件事，都指指点点，互相以目示意看着陈胜。

欣赏文言之美

《陈涉世家》是太史公司马迁专门为秦末起义领袖陈胜写的传记，为了表彰陈胜，司马迁把它放在了"世家"之中。虽然陈胜没有后代，没有爵位，但是他的开创之功足以彪炳史册。陈胜起义虽然失败了，但是"王侯将相宁有种乎"的呼声足以响彻云霄，流传千古。

司马迁在自序中表明了写下此篇的原因："桀、纣失其道而汤、武作，周失其道而《春秋》作，秦失其政，而陈涉发迹，诸侯作难，风起云蒸，卒亡秦族。天下之端，自涉发难。作《陈涉世家》第十八。"可见司马迁已经把陈胜与商汤、周武革命、孔子作《春秋》相提并论，表达了强烈的反暴政思想，以及赞同以有道伐无道的主张。

  选文是其中的一小段，主要描写了陈胜、吴广决策起义的情景。文章一开始就点明了陈胜、吴广起义的直接原因——"会天大雨，道不通，度已失期。失期，法皆斩"。在这样的情况下，八百戍卒面临着死亡的威胁，陈胜、吴广当机立断，密谋起义，为众人找到一条活路。在密谋起义的过程中，陈胜对时局做了精辟分析，抓住了当时社会的主要矛盾——"天下苦秦久矣"。在此基础上，陈胜、吴广决定打出公子扶苏和楚将项燕的旗号，这是因为公子扶苏"百姓多闻其贤，未知其死也"，而项燕"数有功，爱士卒，楚人怜之"，以公子扶苏和项燕的号召力和影响力，自然而然就会"宜多应者"。为了确保起义的顺利进行，他们在卜者启发下，精心策划"丹书鱼腹"和"篝火狐鸣"这两个"灵异"事件，骗过了其他戍卒，为起义做好了充分的准备。

  通过这段文字，司马迁把陈胜起义的前因和经过讲述得很清楚，其中值得注意的一个细节是对起义进行问卜。正是因为问卜，才有了后面人为策划的灵异事件。司马迁之所以把这件事描写得如此细致，一个重要的原因就是"威众"。在当时，并不是所有的戍卒都和陈胜、吴广一样，自觉走上反抗秦的暴政之路，因此要发动所有人参加起义，以鬼神之事把自己包装成受命于天的非凡之人是最取巧、最见效的手法。然而，陈胜、吴广自己不迷信天命，所以才喊出了"王侯将相宁有种乎"这样振奋人心的口号。

  司马迁讲述陈胜、吴广起义，其重心偏向于他们具有"天下之端，自涉发难"的"革命"意义，在司马迁看来，陈胜、吴广起义不仅仅是反抗秦的暴政，更是一个全新的时代的肇始。

周亚夫军细柳

[西汉] 司马迁

小·档案

出　　处：《史记·绛侯周勃世家》。
名　　句：军中闻将军令，不闻天子之诏。
关 键 词：按辔徐行，改容式车。
文　　体：传记。

　　文帝之后六年①，匈奴大入边。乃以宗正刘礼为将军，军霸上；祝兹侯徐厉②为将军，军棘门；以河内守亚夫为将军，军细柳：以备胡。

　　上自劳军。至霸上及棘门军，直驰入，将以下骑送迎。已而之细柳军，军士吏被甲，锐兵刃，彀（gòu）③弓弩，持满④。天子先驱至，不得入。先驱曰："天子且至！"军门都尉曰："将军令曰'军中闻将军令，不闻天子之诏'。"居无何，上至，又不得入。于是上乃使使持节诏将军："吾欲入劳军。"亚夫乃传言开壁门⑤。壁门士吏谓从属车骑曰："将军约⑥，军中不得驱驰。"于是天子乃按辔徐行⑦。至营，将军亚夫持兵揖曰："介胄⑧之士不拜，请以军礼见。"天子为动，改容式车⑨。使人称谢："皇帝敬劳将军。"成礼而去。

　　既出军门，群臣皆惊。文帝曰："嗟乎，此真将军矣！曩（nǎng）⑩者霸上、棘门军，若儿戏耳，其将固可袭而虏也。至于亚夫，可得而犯邪！"称善者久之。月余，三军皆罢，乃拜亚夫为中尉。

【注释】①[后六年]指汉文帝后元六年（前158）。②[祝兹侯徐厉]清梁玉绳《史记志疑》认为应作"松兹侯徐悼"。③[彀]张开。④[持满]把弓弦拉满。⑤[壁门]营垒门。⑥[约]规约。⑦[按辔徐行]控紧马缰绳慢慢走。⑧[介胄]铠甲和头盔，这里用作动词,指披甲戴盔。⑨ [改容式车] 表情严肃起来,手扶车前横木俯下身子,表示敬意。式,同"轼",车前横木。这里用作动词,指扶轼。⑩ [曩] 先前。

译文

汉文帝后元六年,匈奴大规模侵入汉朝边境。于是朝廷任命宗正官刘礼为将军,驻军在霸上;任命祝兹侯徐厉为将军,驻军在棘门;委派河内郡太守周亚夫为将军,驻军细柳:以防备胡人侵扰。

文帝亲自去慰劳军队。文帝到了霸上和棘门的军营,直接奔驰进入,从将军到下属军官都骑马迎进送出。不久文帝到达细柳军营,军中的将士都身披铠甲,手拿锐利的兵器,张开弓弩,拉满弓弦。天子的先导跑到军营,不能进入。先导说:"天子就快到了!"把守军门的都尉说:"将军命令说'军中只听将军的命令,不听天子的诏令'。"过了不久,文帝到达,又不能进入。于是文帝就派使臣持符节诏令将军说:"我要进营慰劳军队。"周亚夫这才传令打开军营大门。守卫营门的军官对文帝的随从车骑人员说:"将军有规定,军营中不准车马奔跑。"于是天子就拉紧缰绳缓慢行进。到了大营帐中,将军周亚夫手拿武器作揖说:"穿铠甲、戴头盔的将士不能跪拜,请允许我用军礼参见皇上。"天子深受感动,面容变得庄重,靠在车前横木上向官兵致敬。而后派人向周亚夫致意说:"皇帝敬重地慰劳将军。"文帝慰劳礼仪结束后离去。出了细柳营军门,群臣都很惊讶。文帝说:"啊,这才是真正的将军呀!以前在霸上、棘门军营看到的,简直像儿戏,他们的将军本来可能遭受袭击而被俘虏。至于周亚夫，怎么可能进犯得了他呢！"汉帝称赞了周亚夫很久。一个多月以后，所有的士兵都撤走了，文帝就任命周亚夫为中尉。

欣赏文言之美

本文选自《史记·绛侯周勃世家》。《绛侯周勃世家》实际上是绛侯周勃和其子周亚夫的合传。周勃诛吕安刘；周亚夫整顿军旅防御匈奴，平定七国之乱，在文景时期可以说是镇抚国家、安定社稷的功臣。然而周勃父子的结局却是悲惨的，周勃以谋反下狱，几乎丧命；周亚夫则被诬陷为"君侯纵不反地上，即欲反地下耳"，不堪受辱绝食而死。

《周亚夫军细柳》一文就是其中的一小段，表现了周亚夫治军严谨的大将风范。文章第一句就大书特书"匈奴大入边"。短短五个字就为读者营造出了烽火连天、胡骑纵横的激烈场景。司马迁为周亚夫的出场营造了这样一个环境，给人带来了无限遐想，雄奇之气，蓄于笔端。

被饿死的周亚夫

周亚夫是周勃的儿子，年轻的时候曾经做过河内郡太守，当河内太守时，被封为君侯的天下闻名女相士许负替他看面相，说他出将入相，位极人臣，但是最终会饿死。亚夫觉得许负胡说八道，笑着说："我的兄长周胜之已世袭父亲的侯爵了，怎么是我封侯呢？既然我位极人臣，又怎么会饿死呢？"许负指亚夫的嘴说："您嘴巴旁边有横纹，这是被饿死的面相。"后来周亚夫被诬告下狱，不愿受辱，乃绝食五天，吐血而死。

敌人迫近京师,大战即将爆发。三将军驻军防备,寥寥数语已然将形势交代清楚。按常人行文,必将整顿部卒、梳理军务滔滔不绝写来。而司马迁则吝惜笔墨,只字不提,却以"上自劳军"引出大段精彩情景。用笔突兀,变化无穷。天子劳军,先写霸上、棘门长驱直入,再写细柳军营则是披坚执锐、防御严肃的士兵。两相比对,奇景突起。马至军门,则是军士闭门不纳。卫士传呼,得到的却是"军中闻将军令,不闻天子之诏"的回答。文笔奇绝,令人赞叹。文帝亲到军门,派使者持节诏周亚夫。俗笔写来,必然是亚夫亲迎圣驾。司马迁则不然,不来接驾反而传下将令"军中不得驱驰"。文帝以天子之尊,"按辔徐行"。进得军营,文帝已然小心翼翼,而亚夫则介胄相迎,以军中之礼拜见天子。行文至此,足见周亚夫为将之严谨,大将风范跃然纸上。此时的文帝非但不责怪周亚夫,反而做出了"改容式车"的举动,表示敬意。这段文字虽然很短,却写得曲折起伏,变化迭起。奇中出奇,波诡云谲,反映了司马迁驾驭文字的超凡功力。

管鲍之交

[西汉] 司马迁

> **小·档案**
>
> 出　　处：《史记·管晏列传》。
> 名　　句：生我者父母，知我者鲍子也。
> 关 键 词：管鲍之交。
> 文　　体：传记。

管仲曰："吾始困时，尝与鲍叔贾（gǔ）①，分财利多自与，鲍叔不以我为贪，知我贫也。吾尝为鲍叔谋事而更穷困②，鲍叔不以我为愚，知时有利不利也。吾尝三仕三见③逐于君，鲍叔不以我为不肖，知我不遭④时也。吾尝三战三走⑤，鲍叔不以我为怯，知我有老母也。公子纠败，召忽死之⑥，吾幽囚受辱，鲍叔不以我为无耻，知我不羞小节而耻⑦功名不显于天下也。生我者父母，知我者鲍子也。"

【注释】①[贾]做买卖。②[穷困]困厄，窘迫。③[见]被。④[遭]遇，逢。⑤[走]逃跑。⑥[死之]为公子纠而死。⑦[羞]以……为羞。[耻]以……为耻。

译文

管仲说："我当初贫穷时，曾经和鲍叔一起去做生意，分钱的时候我自己多分，鲍叔不认为是我贪心，他知道我很贫困；我曾经为鲍叔谋划事情，却使他处境更艰难，鲍叔不认为是我愚钝，（因为）他知道天时有时利有时不利；我曾经几次被皇上赐官、又几次被罢免，鲍叔不认为是我没才能，而是我没有遇到好的时机；我曾经几次（随军）打仗却几次都偷跑，鲍叔不认为是我胆小怕死，他知道我有老母亲要赡养；公子纠争夺君位失败，召忽为尽忠而自杀，我也被囚禁起来，受尽凌辱，鲍叔不认为我没有廉耻，他知道我不会因为这点小事而觉得丢脸，我担心的是我的功名不能为天下人所知。生我的人是我的父母，但是最了解我的人是鲍叔啊。"

欣赏文言之美

管鲍之交这个成语，起源于管仲和鲍叔牙之间深厚友谊的故事，最初见于《列子·力命》："生我者父母，知我者鲍叔也！此世称管、鲍善交者"。管仲和鲍叔牙之间深厚的友情，已成为中国代代流传的佳话。在中国，人们常常用"管鲍之交"来形容自己与好朋友之间彼此信任的关系。在节选的这一段文字中，刻画人物全靠语言描写。我们在管仲的叙述中看到了一个一心为朋友着想的鲍叔，也从叙述中看到了一个知恩感恩的管仲。

齐国贤相管仲

管仲，名夷吾，字仲，亦称管敬仲。他早年经营商业，后从事政治活动。在齐国公子小白（即齐桓公）与公子纠争夺君位的斗争中，管仲曾支持公子纠。小白取得君位后，不计前嫌，重用管仲；管仲亦辅佐齐桓公，施行改革。在政治上，他推行国、野分治的参国伍鄙之制，即由君主、二世卿分管齐国，并在国中设立各级军事组织，规定士、农、工、商各行其业；在经济上，实行租税改革，对井田"相地而衰征"，并采取了若干有利于农业、手工业发展的政策。这些措施为齐国称霸奠定了基础。

田忌赛马

[西汉] 司马迁

小·档案

出　　处：《史记·孙子吴起列传》。

名　　句：今以君之下驷与彼上驷，取君上驷与彼中驷，取君中驷与彼下驷。

关 键 词：驰逐重射。

文　　体：传记。

　　齐使者如①梁，孙膑以刑徒②阴见，说③齐使。齐使以为奇④，窃⑤载与之齐。齐将田忌善而客待之⑥。忌数与齐诸公子驰逐重射⑦。孙子见其马足⑧不甚相远，马有上、中、下辈。于是孙子谓田忌曰："君弟⑨重射，臣能令君胜。"田忌信然之，与王及诸公子逐射千金。及临质⑩，孙子曰："今以君之下驷与彼上驷，取君上驷与彼中驷，取君中驷与彼下驷。"既驰三辈毕，而田忌一不胜而再胜⑪，卒得王千金。于是忌进孙子于威王。威王问兵法，遂以为师⑫。

【注释】①［如］往。②［刑徒］受过刑的人③［说］陈述己见，规劝对方。④［奇］指难得的人才。⑤［窃］暗地里，秘密地。⑥［善］赏识。［客待之］像对待宾客一样对待他。⑦［重射］押重金赌输赢。⑧［马足］马的脚力。⑨［弟］同"第"，但，只管。⑩［临质］临场比赛。⑪［再胜］两次获胜。⑫［以为师］把孙膑当作老师。

译文

齐国使者到大梁来，孙膑以刑徒的身份秘密拜见，劝说齐国使者。齐国使者觉得此人是个奇人，就偷偷地把他载回齐国。齐国将军田忌非常赏识他，待如上宾。田忌经常与齐国众公子赛马，设重金赌注。孙膑发现他们的马脚力都差不多，马分为上、中、下三等。于是对田忌说："您只管下大赌注，我能让您取胜。"田忌相信并答应了他，与齐王和诸公子用千金来做赌注。比赛即将开始，孙膑说："现在用您的下等马同他们的上等马比，拿您的上等马同他们的中等马比，拿您的中等马同他们的下等马比。"到比完了三场比赛，田忌一场败而两场胜，最终赢得齐王的千金赌注。于是田忌把孙膑推荐给齐威王。威王向他请教兵法后，就请他当了老师。

欣赏文言之美

本文选自《史记·孙子吴起列传》，实际上是孙武、吴起和孙膑三人的合传。这三个人都是战国时期诸子百家中兵家的代表人物。一般而言，兵家人物的事迹大多都与战争有关，但是司马迁在描写这三个人物的时候，却能以小见大，突出他们的军事智谋、军事才能以及军事素养。比如描写孙武，以训练宫女来展示；描写吴起爱护兵卒，以吸吮脓血来展示。同样，在描写孙膑的时候，就用田忌赛马来反映孙膑敏锐的观察力，以及孙膑的决断和自信。有了这一个小故事做铺垫，才有了后文围魏救赵、马陵之战的展开，而孙膑作为兵家的代表，其形象才更加趋于完美。《田忌赛马》所反映的，恰是司马迁以小见大的写作手法的具体体现。在《史记》中，这样的小故事比比皆是。

商鞅变法（节选）

[西汉] 司马迁

小档案

出　　处：《史记·商君列传》。
名　　句：民勇于公战，怯于私斗，乡邑大治。
关 键 词：道不拾遗。
文　　体：传记。

令既具①，未布②，恐民之不信，已乃立三丈之木于国都市南门③，募民有能徙置北门者予十金④。民怪之，莫敢徙。复曰"能徙者予五十金"。有一人徙之，辄予五十金，以明不欺。卒下令。

【注释】①[具]准备就绪。②[布]颁布，公布。③[国都市南门]指都城后边市场南门。④[金]古代货币单位。

令行于民期年①，秦民之国都言初令之不便者以千数。于是太子犯法。卫鞅曰："法之不行，自上犯之。"将法②太子。太子，君嗣也，不可施刑，刑其傅公子虔，黥（qíng）③其师公孙贾。明日，秦人皆趋令④。行之十年，秦民大说，道不拾遗，山无盗贼，家给人足。民勇于公战，怯于私斗，乡邑大治。秦民初言令不便者有来言令便者，卫鞅曰"此皆乱化⑤之民也"，尽迁之于边城。其后民莫敢议令。

【注释】①[期年]一整年。②[法]处罚，治罪。③[黥]即墨刑。用刀在面额上刺字，再涂以墨。④[趋令]遵照新法执行。⑤[乱化]扰乱教化。

译文

新法准备就绪后，还没颁布，恐怕百姓不相信，卫鞅就在国都市场的南门竖起一根三丈长的木头，招募百姓中能把木头搬到北门的人，赏给十金。百姓觉得这件事很奇怪，没人敢动。又宣布"能把木头搬到北门的人，赏五十金"。有一个人把它搬走了，就给了他五十金，借此表明令出必行，绝不欺骗。事后就颁布了新法。

新法在民间施行了整一年，秦国老百姓到国都说新法不方便的人数以千计。正当这时，太子触犯了新法。卫鞅说："新法不能顺利推行，是因为上层人触犯它。"将依新法处罚太子。太子是国君的继承人，不能施以刑罚，于是就处罚了监督他行为的老师公子虔，以墨刑处罚了给他传授知识的老师公孙贾。第二天，秦国人就都遵照新法执行了。新法推行了十年，

锦绣文章的华丽风行：两汉魏晋南北朝古文

秦国百姓都非常高兴，路上没有人拾别人丢的东西为己有，山林里也没了盗贼，家家富裕，人人饱暖。百姓勇于为国家打仗，不敢为私利争斗，乡村、城镇社会秩序安定。当初说新法不方便的秦国百姓又有来说法令方便的，卫鞅说"这都是扰乱教化的人"，于是把他们全部迁到边境。此后，百姓再没人敢议论新法了。

欣赏文言之美

《商君列传》是秦国变法的主导者商鞅（卫鞅）的传记，本文系统完整地记述了商鞅变法的背景、过程、结局及其重要意义。司马迁非常注重社会重大变革在历史上的作用，因此讲商鞅变法讲述得十分细致。在正文中，他充分肯定了商鞅的历史功绩，而在论赞中又指出了商鞅的"刻薄寡恩"，正文和论赞相辅相成，为人们提供了一个血肉饱满的商鞅形象。

此处选取的两个小段，是商鞅变法的两个小故事。一个是商鞅南门立木悬赏，取信于民。取信于民是商鞅变法成功的关键，也是变法能够顺利推行的关键。就连司马光对于商鞅的这种做法也发出了由衷的赞叹，他在《资治通鉴》中说："夫信者，人君之大宝也。国保于民，民保于信；非信无以使民，非民无以守国……商君尤称刻薄，又处战攻之世，天下趋于诈力，犹且不敢忘信以畜其民，况为四海治平之政者哉！"可见司马迁讲述的这个小故事，充分反映了商鞅变法成功的关键。

而商鞅变法最大的阻力来自利益受到损害的旧贵族，商鞅在变法之前就和旧贵族展开了论战，而在变法之中，以太子为代表的旧贵族依然在阻挠变法，因此商鞅才处罚了太子的两位老师以保证变法的顺利进行。正是因为商鞅能够取信于民、依法行政，才有了秦国"民勇于公战，怯于私斗，乡邑大治"的良好局面。

这两个故事虽然短小，却能表现司马迁在描写人物中的高超手法。

将相和

[西汉] 司马迁

小·档案

出　　处：《史记·廉颇蔺相如列传》。
名　　句：今两虎共斗，其势不俱生。吾所以为此者，以先国家之急而后私仇也。
关 键 词：负荆请罪，刎颈之交。
文　　体：传记。

　　既罢归国，以相如功大，拜为上卿，位在廉颇之右①。廉颇曰："我为赵将，有攻城野战之大功，而蔺相如徒以口舌为劳，而位居我上，且相如素贱②人，吾羞，不忍为之下。"宣言③曰："我见相如，必辱之。"相如闻，不肯与会。相如每朝时，常称病，不欲与廉颇争列④。已而相如出，望见廉颇，相如引车⑤避匿。于是舍人相与谏曰："臣所以去亲戚而事君者，徒慕君之高义也。今君与廉颇同列，廉君宣恶言而君畏匿之，恐惧殊甚，且庸人尚羞之，况于将相乎！臣等不肖⑥，请辞去。"蔺相如固止之，曰："公之视廉将军孰与⑦秦王？"曰："不若也。"相如曰："夫以秦王之威，而相如廷叱之，辱其群臣，相如虽驽⑧，独畏廉将军哉？顾⑨吾念之，强秦之所以不敢加兵于赵者，徒以吾

两人在也。今两虎共斗,其势不俱生。吾所以为此者,以先国家之急而后私仇也。"廉颇闻之,肉袒负荆⑩,因宾客至蔺相如门谢罪。曰:"鄙贱之人,不知将军宽之至此也。"卒相与驩(huān),为刎颈之交⑪。

【注释】①[右]秦汉以前以右为上。②[贱]指出身低贱。③[宣言]扬言。④[争列]争位次的排列。⑤[引车]把车掉转方向。引,退。⑥[不肖]不贤,没出息。⑦[孰与何如。这句的意思是"你们看廉将军比秦王怎么样"。⑧[驽]劣马。常喻人之蠢笨。此处为谦辞。⑨[顾]但。⑩[负荆]身背荆条,表示愿受责罚。⑪[刎颈之交]誓同生死的好朋友。

译文

渑池之会结束后,回到赵国,由于蔺相如功劳大,被封为上卿,位在廉颇之上。廉颇说:"我是赵国的大将,有攻城野战的大功,而蔺相如只是动动口舌而已,他的职位却在我之上。再说相如本来是卑贱的人,我感

到羞耻，不能容忍自己的职位在他之下！"扬言说："我遇见蔺相如，一定要羞辱他。"蔺相如听到这些话后，不肯和他碰面，每逢上朝时，常常推说有病，不愿跟廉颇争位次。过了些时候，蔺相如出门，远远看见廉颇，就掉转车子避开他。于是蔺相如的门客就一齐规谏说："我们离开亲人来侍奉您，不过是因为仰慕您的高尚品德节义啊。现在您与廉颇同朝为官，廉将军口出恶言，您却害怕他、躲避他，怕得太过分了。就是普通人对这种情况也感到羞耻，更何况是将相呢！我们没有才能，请允许我们告辞离开吧！"蔺相如坚决挽留他们，说："你们看廉将军与秦王相比哪个厉害？"门客回答说："秦王厉害。"蔺相如说："以秦王那样的威势，我蔺相如却敢在秦国的朝廷上呵斥他，羞辱他的群臣。蔺相如虽然才能低下，难道偏偏害怕廉将军吗？但是我想到，强大的秦国之所以不敢轻易对赵国用兵，只是因为有我们两个人在啊！现在如果两虎相斗，势必不能共存。我之所以这样做，是以国家的安危在先而以自己的怨恨在后啊！"

廉颇听说以后，就脱去上衣，露出上身，背着荆条，由宾客引导到蔺相如家的门前请罪，说："我这个粗陋卑贱的人，想不到将军宽容我到这样的地步啊！"两人终于相互交欢和好，成为生死与共的朋友。

欣赏文言之美

《廉颇蔺相如列传》是《史记》中的名篇，完璧归赵、渑池之会、负荆请罪等故事更是脍炙人口。此处只选取了负荆请罪一个小节，文中突出表现了蔺相如作为一个政治家的开阔胸襟，他不与廉颇发生冲突，正是因为他清楚认识到"先国家之急而后私仇"，将个人得失抛之脑后，完全以国家为重。正是因为如此，才使得廉颇自惭形秽，主动负荆请罪，从而留下了将相和的千古佳话。而负荆请罪、刎颈之交更是让后人赞叹不已，这是司马迁留给后人的珍贵的精神财富。

屈原列传（节选）

[西汉] 司马迁

小·档案

出　　处：《史记·屈原贾生列传》。
名　　句：其文约，其辞微，其志洁，其行廉，其称文小而其指极大，举类迩而见义远。
关 键 词：信而见疑，忠而被谤。
文　　体：传记。

屈平疾王听之不聪①也，谗谄之蔽明也，邪曲之害公也，方正之不容也，故忧愁幽思②而作《离骚》。离骚者，犹离忧③也。夫天者，人之始也；父母者，人之本也。人穷则反本④，故劳苦倦极，未尝不呼天也；疾痛惨怛（dá）⑤，未尝不呼父母也。屈平正道直行，竭忠尽智以事其君，谗人间⑥之，可谓穷矣。信而见疑，忠而被谤，能无怨乎？屈平之作《离骚》，盖自怨生也。《国风》⑦好色而不淫，《小雅》⑧怨诽而不乱。若《离骚》者，可谓兼之矣。上称帝喾，下道齐桓，中述汤武，以刺世事。明道德之广崇，治乱之条贯，靡⑨不毕见。其文约，其辞微，其志洁，其行廉，其称文小而其指⑩极大，举类迩⑪而见义远。其志洁，故其称物芳。其行廉，故死而不容。自疏⑫濯淖（zhuó nào）⑬污泥之中，蝉蜕⑭于浊秽，以浮游尘埃之外，不获世之滋⑮垢，皭（jiào）然⑯泥而不滓者也。推此志也，虽与日月争光可也。

【注释】①[聪]听觉灵敏，此处指明察。②[幽思]苦闷深思。③[离忧]遭受忧患。④[反本]追念根本。⑤[惨怛]忧伤，悲痛。⑥[间]挑拨离间。⑦[《国风》]《诗经》的组成部分之一。⑧[《小雅》]亦《诗经》的组成部分之一。⑨[靡]没有。⑩[指]同"旨"，意义。⑪[迩]近。⑫[自疏]自己主动远离。⑬[濯淖]洗涤污垢，此处比喻超脱世俗。⑭[蝉蜕]蝉蜕之壳，此处比喻解脱。⑮[滋]黑。⑯[皭然]洁白的样子。

译文

屈原痛心怀王不能听信忠言，明辨是非，被谗言和谄媚之辞蒙蔽了明辨之力，让邪恶的小人陷害公正的人，端方正直的君子不为朝廷所容，所以忧愁苦闷，写下了《离骚》。"离骚"，就是遭受忧患的意思。天是人类的始祖，父母是人的根本。人处于困境就会追念本原，所以到了极其劳苦疲倦的时候，没有不叫天的；遇到病痛或忧伤的时候，没有不叫父母的。屈原坚持正确的道路，行为正直，竭尽自己的忠诚和智慧来辅助君主，谗邪的小人却从中挑拨离间，可以说到了困境之极了。诚信却被怀疑，忠实却被诽谤，怎么能没有怨恨呢？屈原之所以写《离骚》，大概是由怨恨引起的。《国风》虽然有对美色爱慕但并不淫荡，《小雅》虽然多讥讽指责但并不宣扬作乱。像《离骚》，可以说是兼有二者的特点了。它对远古称道帝喾，近世称述齐桓公，中间称述商汤和周武王，用来讽刺当时的政事。他阐明道德的广大崇高，国家治乱的条理系统，无不讲得非常透彻。他的文笔简约，词意精微，他的志趣高洁，行为廉正。文章所描写的事物虽然细小，但意义却非常重大，列举的事例虽然浅近，但含义却十分深远。由于志趣高洁，所以提到的都是一些芳香的事物。由于行为廉正，所以到死也不为奸邪势力所容。他独自远离污泥浊水之中，像蝉脱壳一样摆脱浊秽，浮游在尘世之外，不受浊世的玷辱，保持清白高洁的品质，出淤泥而不染。可以推断，屈原的志向，即使和日月争辉，也是可以的。

欣赏文言之美

《屈原列传》出自《屈原贾生列传》，是屈原、贾谊两个人的合传，司马迁之所以把他们两个人放在一起，正如他在传后的论赞中所说的"余读《离骚》《天问》《招魂》《哀郢》，悲其志。适长沙，观屈原所自沉渊，未尝不垂涕，想见其为人。及见贾生吊之，又怪屈原以彼其材，游诸侯，何国不容，而自令若是。读《服鸟赋》，同死生，轻去就，又爽然自失矣。"可见，在司马迁的眼中，屈原和贾谊的遭遇是类似的，因此才把他们两个人放在一起。

选文是《屈原列传》的一部分，是一段议论性质比较明显的文字。在这段文字中，司马迁用了大段的笔墨来解释屈原撰写《离骚》的原因，更重要的是，本段集中体现了司马迁的美学思想。就行为而言，他认为忠贤、方正为美，逸诣、邪曲为丑；在文学表现上，他以文约、辞微来表现志洁、行廉则为美。这种美，可以取得"其称文小而其指极大，举类迩而见义远。其志洁，故其称物芳。其行廉，故死而不容"的效果，将形式和内容、语言艺术和思想境界统一了起来。可以说，司马迁借评论屈原充分表达了自己的思想，讲述屈原遭遇的同时，也是在诉说自己的遭遇。

李将军列传（节选）

[西汉] 司马迁

小档案

出　　处：《史记·李将军列传》。
名　　句：广居右北平，匈奴闻之，号曰"汉之飞将军"，避之数岁，不敢入右北平。
关 键 词：李广射石。
文　　体：传记。

顷之，家居数岁。广家与故颍阴侯孙屏野①居蓝田南山中射猎。尝夜从一骑出，从人田间饮。还至霸陵亭，霸陵尉醉，呵②止广。广骑曰："故李将军。"尉曰："今将军尚不得夜行，何乃故也！"止广宿亭下。居无何③，匈奴入杀辽西太守，败韩将军，后韩将军徙右北平。于是天子乃召拜广为右北平太守。广即请霸陵尉与俱，至军而斩之。广居右北平，匈奴闻之，号曰"汉之飞将军"，避之数岁，不敢入右北平。

广出猎，见草中石，以为虎而射之，中石没镞④，视之石也。因复更射之，终不能复入石矣。广所居郡闻有虎，尝自射之。及居右北平射虎，虎腾伤广，广亦竟射杀之。

【注释】①[屏野]退隐田野。②[呵]大声呵斥。③[居无何]过了不久。④[镞]箭头。

读懂 小古文 爱上 大语文

译文

转眼间，李广在家已闲居数年，他和已故颍阴侯灌婴的孙子灌强一起隐居在蓝田，常到南山中打猎。曾在一天夜里只带着一名骑马的随从外出，和别人一起在田野间饮酒。回来时走到霸陵亭，霸陵尉喝醉了，大声呵斥，禁止李广通行。李广的随从说："这是前任李将军。"霸陵尉说："现任将军尚且不许夜间通行，何况是前任呢！"便扣留了李广，让他停宿在霸陵亭下。没过多久，匈奴入侵杀死辽西太守，打败了韩将军（韩安国），韩将军迁调右北平。这时天子就召见李广，任他为右北平太守。李广随即请求派霸陵尉一起赴任，到了军中就把他杀了。李广驻守右北平，匈奴听说后，称他为"汉朝的飞将军"，躲避他好几年，不敢入侵右北平。

李广外出打猎，看见草里的一块石头，认为是老虎就向它射去，射中了石头，箭头都射进去了，过去一看，原来是石头。接着重新再射，始终不能再射进石头了。李广驻守过的郡，听说有老虎，常常亲自去射杀。到驻守右北平时，一次射虎，老虎跳起来伤了李广，李广也还是最终射死了老虎。

欣赏文言之美

《李将军列传》记述了汉代名将李广的生平事迹。司马迁把李广称为李将军而不直呼其名，表达了他对李广的尊崇之情。本传通过对李广的英雄事迹的讲述和其悲剧结局的控诉，揭露并谴责了汉武帝的任人唯亲、刻薄寡恩，并由此推及对贤能的压抑与扼杀，从而使这篇传记具有了更深一层的政治意义。

此处节选的是传记中两个小段，一个是李广射猎归来与霸陵尉发生冲突，一个是李广射石的故事，前者表现了李广的快意恩仇，后者表现了李广武艺高强。全文寥寥数语而凸显出李广之所以被称为"汉之飞将军"的原因，体现了司马迁高超的文字驾驭手法，以及对人物刻画的精湛技法。

西门豹治邺

[西汉] 褚少孙

小档案

出　　处：《史记·滑稽列传》。
关 键 词：西门豹投巫。
文　　体：传记。

至其时，西门豹往会之河上。三老①、官属、豪长者、里父老皆会，以②人民往观之者三二千人。其巫，老女子也，已年七十。从弟子女十人所③，皆衣缯单衣④，立大巫后。西门豹曰："呼河伯妇来，视其好丑。"即将女出帷中，来至前。豹视之，顾谓三老、巫祝⑤、父老曰："是女子不好，烦大巫妪⑥为入报河伯，得更求好女，后日送之。"即使吏卒共抱大巫妪投之河中。有顷，曰："巫妪何久也？弟子趣⑦之！"复以弟子一人投河中。有顷，曰："弟子何久也？复使一人趣之！"复投一弟子河中。凡⑧投三弟子。西门豹曰："巫妪弟子是女子也，不能白事⑨，烦三老为入白之。"复投三老河中。西门豹簪笔磬折⑩，向河立待良久。长老、吏傍观者皆惊恐。西门豹顾曰："巫妪、三老不来还，奈之何？"欲复使廷掾与豪长者一人入趣之。皆叩头，叩头且破，额血流地，色如死灰。西门豹曰："诺，且⑪留待之须臾。"须臾，豹曰："廷挠起矣。状⑫河伯留客之久，若⑬皆罢去归矣。"邺吏民大惊恐，从是以后，不敢复言为河伯娶妇。

【注释】 ①[三老]古代掌教化之官。乡、县、郡均曾先后设置。②[以]与，及。③[从弟子女十人所]随从的女弟子约有十来个。④[缯单衣]绢制的单衣。⑤[巫祝]古代称事鬼神者为巫，祭主赞词者为祝。⑥[妪]年老的女人。⑦[趣]同"促"，催促。⑧[凡]总共。⑨[不能白事]不会把事情传达清楚。⑩[簪笔磬折]插笔备礼，曲体作揖，以示恭敬。⑪[且]姑且。⑫[状]推测之辞。⑬[若]汝，你，你们。

译文

　　到了为河伯娶媳妇的日子，西门豹到河边和大家相会。三老、官员、豪绅、地方上的父老也都会集在此，看热闹来的老百姓也有二三千人。那个女巫是个老婆子，已经七十岁。跟着来的女弟子有十来个人，都身穿丝绸的单衣，站在老巫婆的后面。西门豹说："叫河伯的媳妇过来，我看看她长得漂亮不漂亮。"人们马上扶着这个女子出了帷帐，走到西门豹面前。西门豹看了看这个女子，回头对三老、巫祝、父老们说："这个女子不漂亮，麻烦大巫婆为我到河里去禀报河伯，需要重新找一个漂亮的女子，迟几天送她去。"就叫差役们一齐抱起大巫婆，把她抛到河中。过了一会儿，说："巫婆为什么去这么久？叫她弟子去催催她！"又把她的一个弟子抛到河中。又过了一会儿，说："这个弟子为什么也这么久？再派一个人去催催她们！"又抛一个弟子到河中。总共抛了三个弟子。西门豹说："巫婆和她的弟子，这些都是女人，不能把事情说清楚。请三老替我去说明情况。"又把三老抛到河中。西门豹把毛笔似的簪子插在头上，弯着腰，恭恭敬敬，面对着河站着等了很久。长老、小吏和旁观的人们都惊慌害怕。西门豹回头说："巫婆、三老都不回来，怎么办？"想再派廷掾和一个豪绅到河里去催他们。这些人都吓得在地上叩头,把头都叩破了,额头上的血流到地上,脸色像死灰一样。

西门豹说:"好了,暂且留下来再等他们一会儿。"过了一会儿,西门豹说:"廷掾可以起来了。看样子河伯留客要留很久,你们都散了吧,离开这儿回家去吧。"邺县的官吏和老百姓都非常惊恐,从此以后,不敢再提起为河伯娶媳妇的事了。

欣赏文言之美

本文选自《滑稽列传》。司马迁撰写《滑稽列传》的主旨是为了颂扬淳于髡、优孟、优旃这一类的滑稽人物"不流世俗,不争势利"的可贵精神和他们"谈言微中,亦可以解纷"的非凡讽谏才能。本传之后褚少孙补充了西门豹、东方朔等人的事迹。褚少孙是西汉经学家,曾在西汉中后期做过博士,由于《史记》在流传的过程中散失了十篇,褚少孙做了补充、修葺。从内容上来看,西门豹的传记是褚少孙补文中最精彩的一篇。

西门豹是魏国人,在担任邺令期间,他革除陋习,兴修水利,让邺城发展为魏国的重要城市。他革除陋习的重要举措就是革除河伯娶妇的恶习。在这一事件中,西门豹的大智若愚、大巧若拙得到了充分的体现。褚少孙

锦绣文章的华丽风行:两汉魏晋南北朝古文

为后人塑造了一个勤政爱民的官吏形象。

革除河伯娶妇的过程，是西门豹智慧的展现过程。在整个过程中，没有任何豪言壮语，而只是以冷静的观察、敏锐的智慧将整个事件处理得恰到好处。下车伊始，西门豹就了解了河伯娶妇的情况，在此基础上，他的心中就形成了解决这一问题的方案。但是他并没有把这个方案透露出来，而是轻描淡写地说自己也要参加河伯娶妇的仪式。到了巫婆、三老等人大张旗鼓地为河伯娶妇的日子，西门豹以长官的身份，开始实施自己革除这一陋习的方案。为解救被选为河伯之妇的女子，他"呼河伯妇来，视其好丑"。接着就在河伯妇的"好丑"上做文章，并且直接给出了自己的判断"是女子不好"。否决了这个女子之后，西门豹开始了下一步的计划——"烦大巫妪为入报河伯"。不等大巫妪反应过来，西门豹"即使吏卒共抱大巫妪投之河中"。文中"即使"二字表明这一做法已经是安排好的，"共抱"则表明他不会给巫妪任何反抗和辩驳的机会。故事发展到这里，将巫妪的弟子投入河中、将掌管教化的三老投入河中就顺理成章了。

整个事件的节奏都在西门豹的掌控之中，而且按照他的策划，所有的事情都是合情合理的，故事的高潮也随之而来。然后作者笔锋一转，开始描写西门豹接下来的方案——连投数人之后，西门豹恭恭敬敬地站在河边，做出等候河伯回应的样子。就是这短暂的沉静，恰恰给其他参与河伯娶妇的人施加了心理压力。接下来他提出再让一人到河伯那里去催促大巫妪等人返回，但并不着急把人投入河中，而是引而不发，故意留出回旋的余地。在这样的举措以及心理压力之下，参与事件的廷掾与豪长者只能跪地求饶。西门豹至此彻底解决了河伯娶妇之一陋习，他之所以不严令禁止而是采用这样的手段，一则是因为当时的百姓对自然神灵的敬畏无法用行政手段革除，二则是行政手段并不能让那些直接操控者心服口服。西门豹的做法恰到好处地稳定了人心，又取得了革除陋习的效果。

刘向：校录图书，传播经学

刘向（前77—前6），字子政，原名更生，官至中垒校尉，故世称刘中垒。刘邦异母弟刘交的后代。他12岁时，因为父亲刘德的缘故，担任了辇郎，成年之后，刘向被擢升为谏大夫。刘向年轻时曾经读过淮南王刘安的《枕中鸿宝苑秘书》，汉宣帝当时喜欢上了神仙方术，刘向就上书说自己懂得炼金术，宣帝就让他掌管尚方铸造事宜，花了很多钱也没炼成黄金，被下狱治罪，后来在他兄长的营救下才得以脱罪。此后刘向曾经担任给事中、大宗正等职，直言进谏，得罪了元帝宠信的弘恭、石显，屡遭陷害，被免为庶人，闲居十余年。成帝继位之后，由于外戚专权，刘向为了避免冲突，开始转向学术。他奉命领校秘书，此后虽屡有进谏，但始终得不到任用，72岁时去世。

刘向一生最大的成就就是校录图书，传播经学。他编撰了我国最早的图书分类目录——《别录》；治《春秋谷梁传》；著《九叹》等辞赋三十三篇，大多亡佚。今存《新序》《说苑》《列女传》《战国策》等书。其著作《五经通义》有清人马国翰辑本。《山海经》系其与其子刘歆共同编订。原有文集，已佚，明人辑为《刘中垒集》。

《新序》是刘向编撰的一部以讽谏为目的的历史故事类编，采集舜、禹至汉代的史实，分类编撰而成。《说苑》，又名《新苑》，共二十卷，分门别类记述了春秋战国至汉代的奇闻轶事，每一类前面有总论，后面有按语，其中内容多记载诸子言行，不少的篇幅有关于治国安民、国家兴亡的哲理格言，体现了儒家的哲学思想、政治理想和伦理观念。作为经学家和目录学家，刘向在汉代古文创作中也是别具特色的，其散文叙事简约、理论畅达、舒缓平易。除《新序》《说苑》之外，刘向的散文如《谏营昌陵疏》也很著名。

楚庄绝缨

[西汉] 刘向

小·档案

出　　处：《说苑》。
关 键 词：肝脑涂地。
文　　体：杂记。

楚庄王赐群臣酒。日暮酒酣，灯烛灭。乃有人引美人之衣者，美人援绝①其冠缨②，告王曰："今者烛灭，有引妾衣者，妾援得其冠缨持之。趣③火来上，视绝缨者。"王曰："赐人酒，使醉失礼。奈何欲显妇人之节，而辱士乎！"乃命左右曰："今日与寡人饮，不绝冠缨者不欢！"群臣百有余人，皆绝去其冠缨而上火。卒④尽欢而罢。

【注释】①[援绝]扯断。②[冠缨]帽带。③[趣]催促。④[卒]终于。

居三年，晋与楚战。有一臣常在前，五合五奋首却敌①，卒得胜之。庄王怪而问曰："寡人德薄，又未尝异子②。子何故出死不疑如是？"对曰："臣当死，往者醉失礼，王隐忍不加诛也。臣终不敢以荫蔽之德，而不显报王也！常愿肝脑涂地，用颈血湔（jiān）③敌久矣。臣乃夜绝缨者也。"遂败晋军，楚得以强。此有阴德者必有阳报也。

【注释】①[五合五奋首却敌]意谓五次接战都奋不顾身地打头阵。②[又未尝异子]意谓不曾给你以特殊的恩遇。③[湔]溅洒。

译文

楚庄王有次宴请群臣喝酒。天快黑的时候喝得正欢，蜡烛突然灭了。

于是就有个大臣拉楚王美人的衣服，这个美人扯下那个人的帽缨，告诉楚庄王说："刚才蜡烛灭后，有人拉我衣服，我把他的帽缨扯下来了，你催促人点灯，看看是谁的帽缨断了。"楚庄王说："是我赐宴让他们喝酒的，才有人醉后失礼。怎么能为了要显示妇人的贞洁而使臣子受辱呢！"于是命令群臣说："今天与我喝酒的，没断帽缨的人就是不尽兴。"大臣们有一百多人，都把帽缨扯掉，然后才点灯继续喝酒，最后尽欢而散。

三年以后，晋国与楚国交战。有一位大臣奋勇争先，五场战斗都冲杀在最前面，首先杀败了晋军，最终取得了胜利。楚庄王感到奇怪，就问这位大臣说："我的德行浅薄，从来没有特殊优待过你，你为什么奋不顾死呢？"这位大臣说："我罪当死，上次宴会上失去礼仪，大王您隐忍不治我的死罪，我始终不敢因为受人庇护的恩德而不显扬地报答你。我常常希

刘向编撰《列女传》

在刘向编撰的著作中，《列女传》是比较特殊的，它是一部关于中国古代妇女行为的书籍。全书分为七卷，包括母仪传、贤明传、仁智传、贞顺传、节义传、辩通传和孽嬖传。刘向之所以编撰该书，是因为当时外戚势力强大，宫廷动荡多与外戚相关，因此刘向认为王教应当从皇帝周边的人开始教化，故编撰此书以劝谏皇帝、嫔妃和外戚。本书所编一百余个历史故事，多数还是表彰美善，歌颂古代妇女高尚品德、聪明才智以及反抗精神的内容，而且有些情节生动感人，颇具女性文学的特征。

望要为您肝脑涂地，把颈血洒在敌人面前很久了。我就是当年帽缨被扯下的那个人。"于是晋国被打败了，楚国因此强盛起来。这件事说明有阴德的人必然会有现实的报答。

欣赏文言之美

《楚庄绝缨》这个故事之所以脍炙人口，一个重要的原因是京剧中的《摘缨会》就是根据这个故事改编的。刘向编撰这个故事的原本意图是说明"有阴德者必有阳报"。而故事本身则完全突破了这个观点。楚庄王面对宴会过程中出现的突发事件，做出了超乎常人的举动——让所有的大臣绝缨欢会。之所以这样做，他给出的理由是"赐人酒，使醉失礼。奈何欲显妇人之节，而辱士乎！"他首先检讨了自己赐宴过失，"日暮酒酣"才导致了大臣出现失礼行为。同时他也清楚在醉酒失态之际，怎么能因为偶尔扯了一下美人的衣衫就予以惩治羞辱一个"士"呢？整个事件充分反映了楚庄王包容、重士的性格。

此文传颂千古，就在于作者在动人的描述中，展示出楚庄王尊重人格、器重人才、宽容大度的磊落风貌，也表现出了绝缨者知恩图报的个性特征。

师旷论学

[西汉] 刘向

小档案

出　　处：《说苑》。
名　　句：少而好学，如日出之阳；壮而好学，如日中之光；老而好学，如炳烛之明。
关 键 词：炳烛之明。
文　　体：杂记。

晋平公①问于师旷②曰："吾年七十。欲学，恐已暮矣！"师旷曰："何不炳③烛乎？"平公曰："安有为人臣而戏其君乎？"师旷曰："盲臣④安敢戏其君乎！臣闻之：少而好学，如日出之阳；壮而好学，如日中之光；老而好学，如炳烛之明。炳烛之明，孰与昧行⑤乎？"平公曰："善哉！"

【注释】①[晋平公]春秋时晋国的国君。②[师旷]字子野，春秋时代晋国乐师。③[炳]光明，显明。④[盲臣]眼盲的臣子。师旷是盲人，故自称是"盲臣"。⑤[昧行]黑暗中行走。

译文

晋平公向师旷问道："我今年七十岁了，想要学习，恐怕已经晚了。"师旷回答说："为什么不点亮蜡烛呢？"平公说："哪

里有为人臣子而戏弄自己的国君的呢？"师旷说："双目失明的我怎么敢戏弄我的君主呢？我听说，少年时喜好学习，就如同初升太阳的阳光一样灿烂；中年时喜好学习，就像正午太阳的阳光一样强烈；晚年时喜好学习，就像拿着蜡烛照明一样，在黑暗中闪光。点上蜡烛走路和摸黑走相比，哪个更好呢？"平公说："说得好啊！"

欣赏文言之美

　　本文是晋平公和师旷关于学习的对话。晋平公感慨自己已经七十岁了，想要学习，感到已经晚了。自己说"恐已暮矣"，而师旷则抓住"暮"字做文章，开玩笑地说："何不炳烛乎？"一开篇就显得充满机锋，而这又为后文师旷论学奠定了基调。师旷再论学的时候，将"少而好学"比喻为"日出之阳"，"壮而好学"比喻为"日中之光"，"老而好学"比喻为"炳烛之明"，十分确切恰当。比喻手法的运用，是本篇的突出特色。师旷论学，并没有高深的理论，而是用生活常识来阐述自己的观点。为了引起晋平公的注意，师旷用双关的手法故意曲解"暮"字。晋平公所谓的"暮"，是说自己年岁大了，进入暮年。而师旷却将"暮"字解释为天色将晚，因此才有了"何不炳烛乎"这样的戏语。正因如此，师旷才引起晋平公的注意。而这一巧妙的转折对于下文的展开有着至关重要的作用，观点一出，晋平公自然而然就发出了"善哉"的赞叹。

马援：老当益壮，马革裹尸

马援（前14—49），字文渊。扶风茂陵（今陕西兴平）人。著名军事家，东汉开国功臣之一，官至伏波将军，封新息侯，世称马伏波。

新朝末年，天下大乱，马援为陇右军阀隗嚣的属下，甚得隗嚣的信任。建武四年（28），马援奉隗嚣之命奉书至洛阳，受到光武帝刘秀礼遇。四年之后，隗嚣叛汉，光武帝亲征，马援"聚米为山谷，指画形势"，使得光武帝顺利击败隗嚣。

天下统一之后，马援虽已年迈，但仍请缨东征西讨，西破羌人，南征交趾，因功封新息侯。此后，匈奴、乌桓侵扰边疆，马援认为"男儿要当死于边野，以马革裹尸还葬耳，何能卧床上，在儿女子手中邪"，因此他主动请缨。光武帝担心他年事已高，不准出征。马援"据鞍顾眄，以示可用"，光武帝笑着说："矍铄哉是翁也。"允许他带兵出征。建武二十五年（49），马援在讨伐五溪蛮时身染重病，不幸去世。因被梁松诬陷，最终新息侯印绶被收缴，草草下葬。

永平三年（60），马援的女儿被立为皇后。汉明帝在云台图画建武年间的名臣列将，为了避椒房之嫌，单单没画马援。东平王刘苍观看图像时，问明帝道："为什么不画伏波将军的像呢？"明帝笑而未答。直至永平十七年（74），马援夫人去世，朝廷才为马援聚土为坟，植树为标记，建筑祠堂。建初三年（78），汉章帝派五官中郎将持节追加册封，追谥马援为"忠成侯"。

诫兄子书

[东汉] 马援

小档案

出　　处：《后汉书·马援传》。

名　　句：闻人过失，如闻父母之名：耳可得闻，口不可得言也。
　　　　　刻鹄不成尚类鹜，画虎不成反类狗。

文　　体：书信。

吾欲汝曹①闻人过失，如闻父母之名：耳可得闻，口不可得言也。好论议人长短，妄是非②正法，此吾所大恶也，宁死不愿闻子孙有此行也。汝曹知吾恶之甚矣，所以复言者，施衿（jīn）结褵（lí）③，申父母之戒，欲使汝曹不忘之耳。龙伯高④敦厚周慎，口无择言，谦约节俭，廉公有威。吾爱之、重之，愿汝曹效之。杜季良⑤豪侠好义，忧人之忧，乐人之乐，清浊⑥无所失，父丧致客，数郡毕至。吾爱之、重之，不愿汝曹效也。效伯高不得，犹为谨敕⑦之士，所谓刻鹄（hú）⑧不成尚类鹜（wù）者也；效季良不得，陷⑨为天下轻薄子，所谓画虎不成反类狗者也。讫今季良尚未可知，郡将下车⑩辄切齿。州郡以为言，吾常为寒心，是以不愿子孙效也。

【注释】①[汝曹]你辈。②[是非]褒贬，评论之意。③[施衿结褵]古代女子出嫁，父母亲把佩巾和佩带结扎在女儿身上。④[龙伯高]东汉京兆人，名述。当时为山都（县名）长。⑤[杜季良]东汉京兆人，名保，字季良,官拜越骑司马。⑥[清浊]清,指品行端正的人。浊,指品行恶劣的人。⑦[谨敕]能约束自己的言行。⑧[鹄]天鹅。⑨[陷]陷入,堕落。⑩[下车]文武官吏到任。

译文

我希望你们听说了别人的过失,像听见了父母的名字:耳朵可以听见,但嘴中不可以议论。喜欢议论别人的长处和短处,胡乱评论朝廷的法度,这些都是我深恶痛绝的,我宁可死也不希望自己的子孙有这种行为。你们知道我非常厌恶这种行径,我一再强调的原因,就像女儿在出嫁前,父母一再告诫的一样,我希望你们不要忘记啊。龙伯高这个人敦厚诚实,办事周密谨慎,说的话没有什么可以让人指责的。谦逊平易,生活节俭,廉洁公正,很有威严。我爱护他,敬重他,希望你们向他学习。杜季良这个人是个豪侠,很有正义感,把别人的忧愁作为自己的忧愁,把别人的快乐作为自己的快乐,无论好的人坏的人都结交。他的父亲去世时,几郡的人全都来了。我爱护他,敬重他,但不希望你们向他学习。(因为)学习龙伯高不成功,还可以成为谨慎谦虚的人,正所谓雕刻鸿鹄不成可以像一只鹜鸭。一旦你们学习杜季良不成功,那就成了世上的轻薄子弟,正所谓画虎不成反像狗了。到现今,杜季良以后究竟会怎样还不可知,郡里的将领们到任就咬牙切齿地恨他,州郡内的百姓把这情况告诉我,我时常替他寒心,这就是我不希望子孙向他学习的原因。

欣赏文言之美

这封信是马援在外领军征战的时候写给自己的侄子马严、马敦的一封家书。马严、马敦喜欢讥评时政、结交游侠,这种行为很令马援担心,因此言辞恳切地教诲两个侄儿,言语之中满是对晚辈的关怀和殷切期待。本书之所以千古流传,影响深远,主要是以下原因。

其一，在行文上，马援以长辈的口吻，以"汝曹"称子侄，"汝曹"二字反复出现，使得整篇文章充满亲切感。千里致书，能达到耳提面命的效果。"汝曹"反复出现，显得随和、亲切，拉近了马援和侄子之间的距离，同时也可以让侄子从中体会到叔父马援的真情关怀。

其二，因为是家书，马援现身说法，以自己举例，来告诫子侄应如何为人处世。先义正词严地提出"好论议人长短，妄是非正法，此吾所大恶也，宁死不愿闻子孙有此行也"。以自己行事为表率，态度明确，感情浓烈，自然而然就能感染晚辈，远比"虎爸虎妈"式的教育风格来得亲切。"施衿结褵"一句，更是反复叮咛，语重心长，感人至深。接下来对当世贤良的作为得失加以评价对比，均是马援自己的人生经验。其"刻鹄不成尚类鹜""画虎不成反类狗"二句警拔有力，发人深省，是传之千古的警句。"愿汝曹效之""不愿汝曹效也"，虽然只是表示希望，字里行间却洋溢着真挚的关爱。

其三，文中大量使用句末语气词，起到了以简驭繁的作用，只着一字而含义丰富。文中"也"字的使用表达了自己的肯定和期望，态度坚决；用"矣""耳"表达了自己的爱憎倾向，情深意长；用"者也"，则表达出对评说对象有所保留或不以为然。这些合在一起，不仅读来语气抑扬，更能使人由此领会充盈在文字背后的教诲、期望、关怀和爱护。

有人评价说，马援在信中非常反感"好论议人长短，妄是非正法"，而自己却在信中私下评价杜季良、龙伯高，有违自己的原则。实际上，这是一封家信，私下交谈，并不违背自己的行事风格。

班固：汉赋大家，史学巨擘

班固（32—92），字孟坚，扶风安陵（今陕西宝鸡）人。东汉大臣、史学家、文学家，与司马迁并称"班马"。

班固是班彪之子，班超之兄，16岁入洛阳太学，23岁父死后归乡里。以父所撰《史记后传》叙事未详，乃潜心继续撰述力求精善。汉明帝永平五年（62），被人诬告私修国史，下狱。其弟班超辨明其冤，出狱后被任为兰台令史，奉命撰述东汉开国以来史事，与陈宗、尹敏、孟异等共同撰成《世祖本纪》。迁为郎，典校秘书，又自撰功臣、平林、新市、公孙述等列传、载记28篇。明帝复命他完成前所著书。他认为《史记》以汉朝"编于百王之末，厕于秦项之列"，不妥，决心撰写起自汉高祖、终于王莽共230年事迹的《汉书》。汉章帝时，以文才深得器重，迁官玄武司马。建初四年（79），章帝召集诸儒在白虎观讲论五经异同，命其记述其事，撰成《白虎通德论》（一名《白虎通义》）。汉和帝永元元年（89），随窦宪出击匈奴，为中护军，参与谋议。次年，行中郎将事。永元四年（92），窦宪失势自杀，他受牵连免官、被捕，死于狱中。

班固一生著述颇丰。作为史学家，所修撰的《汉书》，是"前四史"之一；作为辞赋家，是"汉赋四大家"之一，《两都赋》开创了京都赋的范例，列入《文选》第一篇；作为经学理论家，所编《白虎通德论》集当时经学之大成，将谶纬神学理论化、法典化。

李陵传（节选）

[东汉] 班固

小·档案

出　　处：《后汉书·李陵传》。
关 键 词：各鸟兽散，李陵降匈奴。
文　　体：传记。

　　是时陵军益急，匈奴骑多，战一日数十合，复伤杀虏二千馀人。虏不利，欲去，会陵军候①管敢为校尉所辱，亡降匈奴，具言："陵军无后救，射矢且尽，独将军麾下及成安侯②校各八百人为前行，以黄与白为帜，当使精骑射之即破矣。"成安侯者，颍川③人，父韩千秋，故济南相④，奋击南越⑤战死，武帝封子延年为侯，以校尉随陵。单于得敢大喜，使骑并攻汉军，疾呼曰："李陵、韩延年趣降！"遂遮道急攻陵。陵居谷中，虏在山上，四面射，矢如雨下。汉军南行，未至鞮（dī）汗山，一日⑥五十万矢皆尽⑦，即弃车去。士尚三千馀人，徒斩车辐而持之，军吏持尺刀，抵山入狭谷。单于遮其后，乘隅（yú）⑧下垒石，士卒多死，不得行。昏后，陵便衣独步出营，止左右："毋随我，丈夫一取⑨单于耳！"良久，陵还，大息曰："兵败，死矣！"军吏或曰："将军威震匈奴，天命不遂，后求道径还归，如浞野侯为虏所得，

后亡还,天子客遇之,况于将军乎!"陵曰:"公止!吾不死,非壮士也。"于是尽斩旌旗,及珍宝⑩埋地中,陵叹曰:"复得数十矢,足以脱矣。今无兵⑪复战,天明坐受缚矣!各鸟兽散,犹有得脱归报天子者。"令军士人持二升糒(bèi)⑫,一半⑬冰,期至遮虏鄣者相待。夜半时,击鼓起士,鼓不鸣。陵与韩延年俱上马,壮士从者十馀人。虏骑数千追之,韩延年战死,陵曰:"无面目报陛下!"遂降。军人分散,脱至塞者四百馀人。

【注释】①[军候]部曲中每曲有军候一人,掌军纪。②[成安侯]指韩延年。③[颍川]郡名。治阳翟(今河南禹州)。④[故济南相]曾任济南王国相。⑤[南越]国名。在今两广及越南一带。元鼎六年(前111)始改设九郡。⑥[一日]一天时间里。⑦[五十万矢皆尽]言李陵部所带五十万矢全部用完。⑧[隅]边侧。⑨[一取]言一身独取。⑩[珍宝]这里指将军所用器具、衣物等。⑪[兵]指矢、矛、戟等武器。⑫[糒]干粮。⑬[半]通"判",大片。

译文

当时汉军处境越发危险,匈奴骑兵多,两军一日战数十次,汉军又伤杀匈奴二千余人。匈奴见形势对自己不利,便想退兵。这时汉军军候管敢因为被校尉侮辱,逃到匈奴军中投降,他对匈奴说:"李陵的军队没有后援,并且弓箭快用完了,仅剩下将军麾下和成安侯韩延年的部下各八百人为前锋,用黄白二色旗帜为标识,如果派遣精锐骑兵进攻就能打败他们。"成安侯韩延年是颍川人,他的父亲是韩千秋,曾经担任过济南相,在攻打

南越时战死，因此武帝封韩延年为成安侯，以校尉的身份随李陵出征。单于得到管敢非常高兴，于是派骑兵合攻汉军，并大声疾呼："李陵、韩延年赶快投降！"又派兵截断道路加紧进攻李陵。李陵的军队在山谷中，匈奴在山上，从四面射箭，箭如雨下。汉军南撤，尚未到达鞮汗山，一天时间里五十万支弓箭已经全部用完，随即丢下战车撤离。此时，汉军尚有三千余人，以短刀、车辐为武器，撤退到一个狭窄的山谷中。匈奴单于阻断了汉军的后路，指挥匈奴兵卒将山上巨石推入山谷，汉军多半被砸死，无法前行。黄昏后，李陵穿便衣独步出营，让左右随从止步说："不要跟着我，我要一个人俘虏单于！"过了很久，李陵回来了，长叹说："我们已经兵败，就要死在这里了！"军吏说："将军您威震匈奴，只不过天意不能随人，后面要是能找到小路还是可以回去的，就像浞野侯被匈奴俘虏，后来逃跑归来，天子还厚待了他，何况是将军您呢！"李陵说："您不要说了，我要是不死，就不是壮士。"接着李陵命令砍倒全部旌旗，将珍宝

作为诗人的李陵

在《昭明文选》一书中，收录了三首李陵的诗歌，据说这三首诗歌是李陵在苏武归国的时候写下的。《诗品》评李陵诗为上品，评价其为："其源出于《楚辞》。文多凄怆，怨者之流。陵，名家子，有殊才，生命不谐，声颓身丧。使陵不遭辛苦，其文亦何能至此！"选其一如下："良时不再至，离别在须臾。屏营衢路侧，执手野踟蹰。仰视浮云驰，奄忽互相逾。风波一失所，各在天一隅。长当从此别，且复立斯须。欲因晨风发，送子以贱躯。"

埋在地下。李陵慨叹说:"只要能再得到几十支箭,就能突围了。现在没有兵器再战,天亮只能束手就擒了。大家分散突围,也有可能突围出去能够回报天子的人。"李陵命令士兵拿着二升军粮和一大片冰块,约定在匈奴阻拦的亭障那里聚齐。半夜的时候,李陵击鼓让士兵进攻,但是鼓没有敲响。李陵与成安侯韩延年都上了战马,率壮士十余人突围。匈奴数千骑兵追击,韩延年战死。李陵说:"我实在没脸去见陛下了!"便投降了匈奴。他手下的军队分散突围,仅有四百余人回到了汉朝边境。

欣赏文言之美

本文选自《汉书·李陵传》。李陵是李广的孙子,出身将门世家。李广的悲剧在司马迁的《史记》中描写得痛快淋漓,千百年后犹能让人为李广的风采而顿生敬意。而李陵与司马迁是同一时代的人,司马迁遭受腐刑,与李陵的战败投降有着莫大关系。《史记》中并没有关于李陵战败降敌的内容,而《汉书》中则详细记载了这一事件。

选文主要讲述了李陵兵败降敌的过程,从五千兵卒奋勇杀敌,到兵尽粮绝,李陵突围不成投降匈奴,文章写得很详细。班固对一个过程的描写,不仅仅关注事件本身,更关注了李陵的心理变化。在兵败被围之际,李陵一开始还是豪气万丈,慷慨激昂,甚至说"丈夫一取单于耳"。然而没过多久,李陵的语调完全变了,发出了"兵败,死矣"的感叹。在军吏劝解李陵的时候,他还能说出"吾不死,非壮士也"的豪言壮语,然而彻底兵败之后,李陵却感慨"无面目报陛下"。这一系列语言恰恰反映的是李陵最终投降的心理变化,这也是班固写作的独特魅力。

李固：守节秉义，东汉名臣

李固（94—147），字子坚。汉中郡城固县（今陕西城固）人。司徒李郃之子。他的相貌奇特，头骨突出，脚底有龟文。李固年少时好学，为求学不远千里步行寻师。据谢承《后汉书》记载："（李固）博览古今，明于风角、星算、《河图》、谶纬，仰察俯占，穷神知变。"《资治通鉴》记载："每到太学，密入公府，定省父母，不令同业诸生知其为郃子也。"李固学识广博，因此吸引了大量的四方士人追随求学，京城洛阳的人都说："这是第二个李公啊！"

李固年轻时屡次不受辟命，后被大将军梁商任命为从事中郎，针对时政，李固屡有谏言，但是多不被梁商采纳。后任荆州刺史、太山太守，成功平息两地的叛乱，功绩甚著。历任将作大匠、大司农、太尉。顺帝驾崩后，李固为梁皇后所倚重，但受到大将军梁冀的忌恨。质帝驾崩后，李固与梁冀争辩，不肯立刘志（即汉桓帝）为帝，最后遭梁冀诬告杀害。

李固所著的章、表、奏、议、教令、对策、记、铭共十一篇。弟子赵承等共同记录李固的言论事迹，写成《德行》一篇。《全后汉文》收录李固的文章共计18篇，除《遗黄琼书》之外，还有《举敦朴士对策》《对策后复对》《发丧对》《上疏陈事》《与吴雄上疏》《与刘宣上言》《荐杨淮》《驳发荆扬兖豫卒赴日南议》《冲帝山陵议》《临荆州辟文学教》《助展允婚教》《奏记梁商》《奏记梁商理王龚》《议立嗣先与梁冀书》《与宾卿书》《临终与胡广赵戒书》《临终敕子孙》等文。

遗黄琼书

[东汉] 李固

小档案

出　　处：《后汉书·黄琼传》。
名　　句：峣峣者易缺，皎皎者易污；《阳春》之曲，和者必寡，盛名之下，其实难副。
关 键 词：枕山栖谷，拟迹巢由。
文　　体：书信。

闻已度伊、洛①，近在万岁亭②，岂即事③有渐，将顺王命乎？盖君子谓伯夷隘，柳下惠不恭，故传④曰："不夷不惠，可否之间⑤。"盖圣贤居身⑥之所珍也。诚遂欲枕山栖谷⑦，拟⑧迹巢、由⑨，斯则可矣；若当辅政⑩济民，今其时也。自生民⑪以来，善政少而乱俗多，必待尧舜之君，此为志士终无时矣。

【注释】①[伊、洛]伊水和洛水。②[万岁亭]在今河南登封西北。③[即事]对当前的事件，指朝廷征召。④[传]解释儒家六经的著作称为"传"。⑤[可否之间]采取中间态度。⑥[居身]处世，立身。⑦[枕山栖谷]喻在山野隐居。⑧[拟]模仿。⑨[巢、由]古代隐士巢父和许由。⑩[辅政]辅佐朝廷办事。⑪[生民]世界上有人，人类社会开始。

常闻语①曰："峣峣②者易缺，皎皎者易污。"《阳春》③之曲，和者必寡，盛名之下，其实难副④。近鲁阳⑤樊君被征初至，朝廷设坛席⑥，犹待神明。虽无大异，而言行所守无缺⑦。而毁谤布流⑧，应时折减者，岂非观听望深，声名太盛乎？自顷⑨征聘之士，胡元安、薛孟尝、朱仲昭、顾季鸿等，其功业⑩皆无所采，是故俗论皆言处士纯盗虚声⑪。愿先生⑫

读懂 小古文 爱上 大语文

弘此远谟^⑬，令众人叹服，一雪^⑭此言耳。

【注释】①［语］成语，谚语。②［峣峣］高貌。③［《阳春》］古代高雅的乐曲。④［副］符合，相等。⑤［鲁阳］今河南鲁山。⑥［设坛席］筑坛安席，形容礼敬。⑦［所守无缺］道德规范上没有错误。⑧［布流］传播。⑨［顷］近来。⑩［功业］办事成绩。⑪［虚声］与实际不符的名望。⑫［先生］指黄琼，东汉名臣，尚书令黄香之子。⑬［远谟］远大的谋略。⑭［一雪］一举洗刷。

译文

我听说你已经渡过了伊水和洛水，来到离京城不远的万岁亭，莫不是你应聘的事有所进展，正准备接受君王的任命了吗？所以孟子曾经认为："伯夷不食周粟而饿死在首阳山的做法太狭隘，而柳下惠在鲁国做大夫时三次被贬而不辞去的行为又过于不知自重了。"

所以，解经的《法言》上说："为人做官既不要学伯夷那样过分清高，也不要学柳下惠那样自轻自贱，应该在他们二者之间采取适中的态度才是。"这大概是古圣先贤们所珍重的为人处世的态度吧！假如您实在愿意追求以山为枕、以谷为屋的隐居生活，仿效巢父和许由的超尘拔俗的避世行为，这样的话，您拒绝征召当然是可以的；倘若您觉得应当出来辅佐皇帝、拯救百姓的话，那么，现在参与政事正是良好时机了。自从天下有人类以来，社会上的政治总是好的少而坏的多，假如一定要等到像尧舜那样的圣明君主出来，这样，作为治理天下的有志之士便永远也没有从政的一天了。

　　我曾经听古语说："高的东西容易折断，洁白的东西容易污染。"《阳春》《白雪》那样高雅的曲调，能够跟着唱和的人一定很少。一个有盛大名声的人，他的实际就很难和他的名声相称。近来鲁阳的樊英应皇上征召刚到京城，朝廷就为他建筑高台，设置座席，像供奉神明一样地接待他。他虽然没有表现出非常奇异的地方，但言论和行为都能遵循一定的规范，也没有什么缺陷和错误。然而，诋毁和诽谤樊英的言辞便散布流传开来，他的名望也顿时降低下来，难道不是大家对他的印象太深和期望太高，声名太盛了吗？近来朝廷征聘的名士，如胡元安、薛孟尝、朱仲昭、顾季鸿等人，他们做官的功业都没有什么可取的地方，因此社会舆论都说这些隐居不仕的人是些专门盗取虚名的没有本事的人。我希望先生您能大展宏图，做出使人惊叹的大事业来，用它来彻底洗刷掉这些话带给名士们的耻辱吧！

读懂 小古文 爱上 大语文

欣赏文言之美

此文乃是李固写给黄琼的书信。黄琼作为尚书令黄香之子，早已声名鹊起。而黄琼面对朝廷的征辟，却屡屡推辞。顺帝即位之后，公车征召，黄琼被迫进京，途中又称病不进。李固得知此事，写了这封信对黄琼进行规劝和勉励。

全文分为两个自然段，第一段表明他得知黄琼已经在进京的途中，止步不前，因此劝黄琼尽早入京，放下隐居的念头，以期报效朝廷。第二段则是正确面对世俗的各种非议，建功立业。尤其是第二段中的"《阳春》之曲，和者必寡；盛名之下，其实难副"更是流传千古的名句。

此文言辞恳切，语言质朴，产生了感人至深的艺术效果；在论说方面条理清楚，逻辑严密，有很强的说服力。李固对黄琼的期冀，在书信中娓娓道来，柔中带刚。没有高深的说教，而是自然坦诚地以理服人，以情动人。黄琼接到这封信之后，立即入京，后来官至太尉、司空，做出了"令众人叹服"的政绩。

古典文学研究专家刘毓庆评论《遗黄琼书》时说："此书虽简短，但说服力强，柔中带刚，语言也很优美。"信中旁征博引，正反相衬，饱含劝勉之情，难怪黄琼很容易就被这封信所打动，可见李固行文之中很准确地抓住了劝勉对象的心理活动。

黄香温席

黄香就是黄琼的父亲，历任尚书郎、左丞、尚书令，官至魏郡太守。据说黄香九岁时，母亲便病逝，黄香对她非常思念，整日都十分憔悴，丧事甚至办得有过礼节，乡里都称他孝顺至极。而黄家家贫，黄香辛勤工作，尽心尽力照顾父亲。夏天，黄香用蒲扇扇凉父亲的枕席；冬天，黄香便以身体的温度为父亲暖被。父亲患病，黄香更加无微不至。"黄香温席"后来被收入了"二十四孝"故事之中。

孔融：汉末名流，建安文豪

孔融（153—208），字文举，鲁国（今山东曲阜）人，东汉末年文学家，"建安七子"之一，孔子的二十世孙，太山都尉孔宙之子。

孔融少年时就知书达理，聪颖过人，勤奋好学，与陶丘洪、边让并称。汉献帝即位后，他曾担任北军中侯、虎贲中郎将、北海相，故人称孔北海。建安元年（196），他出任将作大匠，迁少府，又任太中大夫。孔融性格阔达，喜欢抨议时政，尤其对曹操多所讥讽，因此触怒曹操，为曹操所杀。

孔融是东汉末年一代名儒，文章宗师。魏文帝曹丕十分欣赏孔融的文辞，孔融被害之后，曹丕曾悬赏征募他的文章，并在《典论·论文》中把孔融与王粲、陈琳、徐干、阮瑀、应玚、刘桢六位文学家相提并论。他称赞"孔融体气高妙，有过人者；然不能持论，理不胜辞，至于杂以嘲戏。及其所善，扬（扬雄）、班（班固）俦也"。

孔融有诗、颂、碑文、论议、六言、策文、表、檄、教令、书记共25篇。但这为数有限的遗文，后世又有所散佚，明人张溥曾编撰其文集为《孔少府集》。孔融的传世文章大多以议论为主，内容主要是伸张教化、宣扬仁政，或者荐贤举能、评论人物，颇露锋芒，个性鲜明。在艺术特色上，孔融的文章文句整饬，辞采典雅，引古论今，比喻精妙，气势充沛。

论盛孝章书

[东汉] 孔融

小·档案

出　　处：《汉魏六朝百三名家集·孔少府集》。
名　　句：燕君市骏马之骨，非欲以骋道里，乃当以招绝足也。
关 键 词：海内知识，零落殆尽。
文　　体：书信。

　　岁月不居①，时节如流。五十之年，忽焉已至。公为始满②，融又过二③。海内知识，零落④殆尽，惟会稽盛孝章尚存。其人⑤困于孙氏，妻孥（nú）⑥湮（yān）没，单子独立，孤危愁苦。若使忧能伤人，此子不得永年⑦矣！

【注释】①[居]停留。②[始满]刚满。这里指刚满五十岁。③[过二]超过两岁。④[零落]凋落，指死亡。⑤[其人]指盛孝章。⑥[妻孥]妻子儿女。⑦[永年]长寿。

　　《春秋传》①曰："诸侯有相灭亡者，桓公不能救，则桓公耻之。"②今孝章实丈夫之雄也，天下谈士③，依以扬声，而身不免于幽絷（zhí）④，命不期于旦夕，是吾祖⑤不当复论损益之友，而朱穆⑥所以绝交也。公诚能驰一介⑦之使，加咫（zhǐ）⑧尺之书，则孝章可致，友道可弘矣。

【注释】①[《春秋传》]此指《春秋公羊传》。②["诸侯"三句]见《公羊传·僖公元年》。③[谈士]善于言谈议论的人。④[幽絷]指被囚禁。⑤[吾祖]指孔子。⑥[朱穆]字公叔，东汉时人。他有感于当时不讲交友之道的衰败风俗，写了《崇厚论》《绝交论》两篇文章。⑦[一介]一个。⑧[咫]古以八寸为咫。

今之少年，喜谤前辈，或能讥评孝章。孝章要①为有天下大名，九牧②之人，所共称叹。燕君市③骏马之骨，非欲以骋道里，乃当以招绝足④也。惟公匡复汉室，宗社⑤将绝，又能正⑥之。正之之术，实须得贤。珠玉无胫（jìng）⑦而自至者，以人好之也，况贤者之有足乎！昭王⑧筑台以尊郭隗，隗虽小才，而逢大遇⑨，竟能发明主之至心。故乐毅⑩自魏往，剧辛⑪自赵往，邹衍⑫自齐往。向使郭隗倒悬⑬而王不解，临溺而王不拯，则士亦将高翔远引，莫有北首⑭燕路者矣。凡所称引⑮，自⑯公所知，而复有云者，欲公崇笃⑰斯义也。因表不悉⑱。

【注释】①［要］总要，总括来说。②［九牧］九州，就是"天下"的意思。③［市］买。④［绝足］绝尘之足。指千里马。⑤［宗社］宗庙和社稷。⑥［正］扶正，安定。⑦［胫］小腿。这里指脚。⑧［昭王］燕昭王姬职。⑨［大遇］隆重的待遇。⑩［乐毅］魏国人，燕昭王任为上将军，曾为燕伐齐，破齐七十余城。⑪［剧辛］赵国人，有贤才。⑫［邹衍］齐国人，主张大九州说。⑬［倒悬］倒挂着。比喻困苦危急。⑭［首］向。⑮［称引］指信中论说、引述的事情。⑯［自］本来。⑰［崇笃］推崇重视。⑱［不悉］不尽。即书不能尽意。

译文

光阴不能停留，像流水一样消逝，很快就到了五十岁的年龄。您是刚满，而我却已经超过两岁了。国内的相识知交，差不多都要死光了，只有会稽的盛孝章还活着。他受到东吴孙氏政权的困辱，妻子儿女都已死去，只留下他孤单无助的一个人，处境非常危险，心情十分痛苦。假使忧愁可以损害人的健康，孝章恐怕不能长寿了。

《春秋传》里说："诸侯之间有相互并吞的，齐桓公没有加以救援，自己感到是一种羞耻。"盛孝章确实是当今男子中的豪杰，天下一些善于言谈议论的人，常要依靠他来宣扬自己的名声，而他本人却不能避免被囚禁，生命朝不保夕，那么我的先祖孔子就不应该谈论朋友好坏的问题，也无怪朱穆要写他的《绝交论》了。您如果能赶快派遣一个使者，再带上一封短信，就可以把孝章招来，而交友之道也可以发扬光大了。

现在的年轻人喜欢说前辈的坏话，或许有人会对孝章加以讥讽评论。总的说来，孝章是一个盛名天下、为天下人所称赏赞美的人。燕君购买骏马的尸骨，不是要它在道路上奔驰，而是通过它来招致千里马。我想您正在拯救和恢复汉朝王室，使将要覆灭的政权重新安定下来。天下要安定，关键在于得到贤才。珠玉不生脚，却能够到人的身边来，就是因为有人喜欢它们，何况贤士们是生了脚的。燕昭王筑了黄金台来尊崇郭隗，郭隗虽然是一个才能不高的人，但却得到厚待，终究能传播明主的诚心，所以乐毅从魏国前去，剧辛从赵国前去，邹衍从齐国前去。假如当初郭隗处于困苦危急之中，昭王不去帮助他，面临落水将要淹死的时候昭王不去援救他，那么其他贤士也都将远走高飞，没有肯到北方燕国来的人了。上面所说的一些事情，本来就是您所熟悉的，而我还是要再说一下，无非是想提请您对交友之道加以重视罢了。实在不能详尽地表达我的意思。

欣赏文言之美

《论盛孝章书》写于汉献帝建安九年（204），孔融时任少府之职。盛孝章名宪，字孝章，会稽人。曾经出任吴郡太守，后称病辞官。孙策平吴之后，对吴地名士颇为忌惮，多所杀害。在这样的情形下，盛孝章曾多次迁徙避祸。孙策死后，孙权依然延续了孙策的政策，盛孝章因此仍处在危难之中。孔融与孝章相交友善，为了伸出援手，于是向当时秉持国政的曹操写了这封信请求他援救盛孝章。

文章开篇，孔融从感叹岁月流逝，感慨彼此年过半百而"海内知识，零落殆尽"写起，突出了盛孝章虽然存活于世而处境艰难，通过这样的感慨来打动曹操，已达到营救盛孝章的目的。第二段则引经据典，铺陈大义，说明曹操营救盛孝章则能全交得义，而曹操施以援手则易如反掌，以此来让曹操产生营救的念头。第三段从求贤的角度出发，铺陈燕昭王礼遇郭隗，吸引乐毅、剧辛、邹衍为燕国效力，来说明曹操援救盛孝章则如燕昭王招贤一样，使得整篇文章意义更为饱满。

从写作角度来说，这篇文章感情充沛，气势恢宏，并且论证有力，用事贴切。行文骈散相间，变化自如，语言精美。其剪裁得当，要点突出，字里行间既突出了作者对友人的关心，又传达了对曹操求贤的期冀。文中引用《春秋传》的观点、孔子关于交友的言论与朱穆论交的思想以及燕昭王的求贤的典故，或引用，或证明，或深化观点，为突出文章主旨提供了很好的证据。

这篇文章具有明显的建安文风，胆大气盛，放言无忌，才气纵横。正如刘勰《文心雕龙》所说孔融"气盛于为笔""气扬采飞"。

阅读提示

汉献帝迁都许昌后，孔融任将作大匠、迁少府，曾被封为太中大夫。为人恃才负气，时常顶撞曹操，如反对恢复肉刑，反对曹丕私纳袁绍儿媳甄氏，嘲征乌桓，反对曹操禁酒。再加上他忠于汉室，因此，曹操使军谋祭酒路粹诬告孔融。建安十三年八月二十九日（208年9月26日），孔融被曹操以"招合徒众，欲图不轨""言论放荡""不遵朝仪，唐突宫掖"等罪名杀之，株连全家。

读懂 小古文 爱上 大语文

曹操：拨乱世的英雄，开风气的文豪

魏武帝曹操（155—220），字孟德，小名阿瞒，沛国谯县（今安徽亳州）人。中国古代杰出的政治家、军事家、文学家、书法家、诗人。东汉末年任丞相，曹魏的奠基者。儿子曹丕代汉称帝后，追尊曹操为太祖武皇帝，葬于高陵。

作为政治家，曹操的功绩自不待言。而在文学上的成就，曹操更是有开创之功。曹操在文学上的功绩，首先是对建安文学的萌芽发展具有建设性作用。建安文学是在长期战乱、社会动荡的背景下发展起来的。曹操在征战之余，重视文学创作，招揽文艺人才，从而推动了当时文学的发展。无论是他的儿子曹丕、曹植还是陈琳、徐干、孔融等人，都与曹操关系密切，故而曹操所倡导的文风都深刻影响了这些人。曹操的古文一扫东汉末年的颓败之势，文字质朴，注重真情流露，行文不拘泥于用典，往往率性而为，流畅真率，其代表作有《让县自明本志令》《与王修书》《祀故太尉桥玄文》等。曹操在诗歌上的成就也很突出，他的诗歌一则抒发自己的政治抱负，二则反映当时社会现状，气势雄浑，慷慨悲凉，感人至深。

曹操的作品，据清代姚振宗《三国艺文志》考证，原有30卷，并且还有《兵书》13卷，但早已散佚不全。明代张溥编辑收录曹操诗文等145篇为《魏武帝集》，近代丁福保所辑又有所增补，最终形成了现在通行的《曹操集》。

祀故太尉桥玄文

[东汉] 曹操

> **小·档案**
>
> 出　　处：《曹操集》。
> 名　　句：殂逝之后，路有经由，不以斗酒只鸡过相沃酹，车过三步，腹痛勿怪。
> 关 键 词：士死知己，斗酒只鸡。
> 文　　体：祭文。

故太尉桥公①，诞敷（dàn fū）②明德，泛爱③博容。国念明训④，士思令谟⑤。灵幽体翳（yì）⑥，邈（miǎo）哉晞（xī）⑦矣！吾以幼年逮升堂室⑧，特以顽鄙之姿，为大君子所纳⑨。增荣益观，皆由奖助，犹仲尼称不如颜渊，李生之厚叹贾复⑩。士死知己，怀此无忘。又承从容约誓之言："殂（cú）逝⑪之后，路有经由，不以斗酒只鸡过相沃酹（lèi）⑫，车过三步，腹痛勿怪。"虽临时戏笑之言，非至亲之笃好⑬，胡⑭肯为此辞乎？匪谓灵忿，能诒（yí）⑮己疾，旧怀⑯惟顾，念之凄怆（chuàng）⑰。奉命东征，屯次⑱乡里，北望贵土⑲，乃心陵墓⑳。裁致薄奠㉑，公其尚飨（xiǎng）㉒。

【注释】①[太尉]东汉时掌管全国军事大权的职

务。[桥公]桥玄（109—183），字公祖，睢阳（今河南商丘）人。东汉灵帝光和年间曾为太尉。②[诞敷]光大传播。③[泛爱]广泛地对人慈爱。④[训]可以作为法则的言论。⑤[谟]谋略，见地。⑥[翳]埋藏。⑦[晞]露水干了，这里指人死亡。⑧[升堂室]升堂入室，到他家去，指亲近。⑨[纳]接待。⑩[贾复]字君之，东汉南阳冠军（今河南南阳）人，以军功封冠军侯，改封胶东侯。⑪[殂逝]死亡。⑫[沃酹]洒酒祭奠。⑬[笃好]忠实的好友。⑭[胡]怎么。⑮[诒]给予。⑯[旧怀]旧友情。⑰[凄怆]悲伤。⑱[屯次]军队驻扎。⑲[贵土]指桥玄故乡。⑳[乃心陵墓]意为我的心到了你的墓前。㉑[薄奠]微薄的祭品。㉒[尚飨]还是来享用祭品，古代祭文常以此作结语。

译文

已故的前太尉桥公，美德广布，博爱宽容，国家怀念您那些可以作为法则的光辉言论，士人思念您那些高明的谋略。如今精神已经幽远，肉体已经埋葬，离开人世已经很长时间了！我在幼年得以跟您亲近，以愚笨的资质，受到德高望重的您的款待。我增加了荣誉，提高了社会地位，都是由于您的奖掖扶助，就像孔子自称不如颜回、李生赞叹贾复一样。士为知己者死，我怀念您的知遇恩德，至死不忘。又承您从容地和我约定："我死去之后，路过坟墓时，如果不以一斗酒一只鸡相祭祀，车子过了三步，别怪我让你肚子疼。"虽是一时玩笑，要不是最亲密无间的朋友，怎么肯说出这样的话呢？不是相信您的魂灵发怒能使我生病，只是回首旧日的交情，想起来就悲伤。我如今奉命东征，驻扎在睢阳，北望您的故乡，心里想到您的坟墓。致送一点菲薄的祭品，希望您来享用吧！

欣赏文言之美

汉代祭吊文并不多见，略而有两种：一种名为"吊"，是追悼古代不幸的人的，如贾谊《吊屈原赋》；一种名为哀辞，是哀悼夭殇子女的。至于祭友人的文章，曹操这篇可以算作是现存年代最早的一篇。

文章第一部分，用四字句，骨力劲健。第二部分就显出曹操直抒胸臆的特点。汉灵帝熹平三年（174），曹操举孝廉为郎前后，曾拜谒过桥玄，所以说赶上了升堂入室，认为自己的资质顽而且陋，竟能受到桥玄的热情接待。这些话确为由衷之言。而下面又深一层说"增荣益观，皆由奖助"，这是讲由于桥玄的品题奖勉，增加了荣誉，增益了世人好评。文中第三部分的戏言，很代表建安文学"杂以嘲戏"的特征。文章对桥玄上述一时戏笑的言辞作了情理俱到的评论，正反映曹操"心念旧恩"的感情。所以接着说："匪谓灵忿，能诒己疾，旧怀惟顾，念之凄怆。"最后一部分写得很幽默。曹操引用了桥玄生前戏笑之言，既使忘年之交、知己之情表现得更深刻，又使作者怀念死者的感情，表现得极为笃厚，且增加了文章的真实感和悲伤感，正所谓哭语以笑语出之，益增加其"哭语"气氛。这种写法也是建安文学所特有的。

这篇文章绝少冗赘言辞，不像六朝祭文多华少实；而结尾六句，写得更爽快简净，是地道英雄人语而不是儿女之情，足以体现曹操文章的古直风格。建安五年（200）曹操打败袁绍于官渡之后，建安七年（202）又假献帝命东征袁绍，路经睢阳。睢阳是桥玄家乡，所以说大军屯驻桥玄乡里。寥寥数语，真是语短情长。

文章通过叙述作者与桥玄的往事，表达了作者对逝者桥玄真挚的怀念之情。全文语言朴素真挚、简洁明快，表现了自由通脱的风格，毫无官样之体。

诸葛亮：出师一表真名世，千载谁堪伯仲间

诸葛亮（181—234），字孔明，号卧龙，琅琊阳都（今山东沂南）人，三国时期蜀汉丞相，中国古代杰出的政治家、军事家、文学家、发明家。

诸葛亮早年随叔父诸葛玄到荆州，诸葛玄死后，诸葛亮就在隆中隐居。后刘备三顾茅庐请出诸葛亮，联合东吴孙权于赤壁之战大败曹军，形成三国鼎足之势，又夺占荆州。建安十九年（214），攻取益州。继又击败曹军，夺得汉中。章武元年（221），刘备在成都建立蜀汉政权，诸葛亮被任命为丞相，主持朝政。后主刘禅继位，诸葛亮被封为武乡侯，不久，再领益州牧。勤勉谨慎，大小政事必亲自处理，赏罚严明；与东吴联盟，改善和西南各族的关系；实行屯田政策，加强战备。前后五次北伐中原，多以粮尽无功。终因积劳成疾，于建兴十二年（234）病逝于五丈原（今陕西宝鸡岐山境内），享年五十四岁。后主刘禅追谥为忠武侯，后世常以武侯尊称。东晋桓温追封为武兴王。

诸葛亮散文代表作有《出师表》《诫子书》等。曾发明木牛流马、孔明灯等，并改造连弩，叫作诸葛连弩，可一弩十矢俱发。诸葛亮一生"鞠躬尽瘁、死而后已"，是中国传统文化中忠臣与智者的代表人物。诸葛亮的著作最早是由陈寿编著而成《蜀相诸葛亮集》二十四篇，早已散佚。现存《诸葛亮集》为后人所辑，有明刻《诸葛忠武侯集》二十一卷、清张澍刻《诸葛忠武侯文集》十一卷，基本上将诸葛亮的诗文全部收录，是后人研究诸葛亮作品的重要依据。

出师表

[三国] 诸葛亮

小档案

出　　处：《诸葛亮集》。
名　　句：亲贤臣，远小人，此先汉所以兴隆也；
　　　　　亲小人，远贤臣，此后汉所以倾颓也。
关 键 词：北定中原，兴复汉室。
文　　体：疏表。

先帝①创业②未半而中道③崩殂(cú)④，今⑤天下三分⑥，益州疲弊⑦，此诚危急存亡之秋⑧也。然侍卫之臣不懈于内⑨，忠志之士忘身⑩于外者，盖追先帝之殊遇⑪，欲报之于陛下也。诚⑫宜开张圣听⑬，以光⑭先帝遗德，恢弘⑮志士之气，不宜妄自菲薄⑯，引喻失义⑰，以塞⑱忠谏⑲之路也。

【注释】①[先帝]指汉昭烈帝刘备。②[业]统一天下的大业。③[中道]中途。④[崩殂]死。崩，古时指皇帝死亡。殂，死亡。⑤[今]现在。⑥[三分]天下分为孙权、曹操、刘备三大势力。⑦[疲弊]人力缺乏，物力缺无，民生凋敝。⑧[秋]时，时候。⑨[内]朝廷。⑩[忘身]舍生忘死，奋不顾身。⑪[殊遇]特殊的礼遇。⑫[诚]的确，确实。⑬[开张圣听]扩大皇上听闻(的范围)。⑭[光]发扬光大。⑮[恢弘]

锦绣文章的华丽风行：两汉魏晋南北朝古文

发扬，扩展，用作动词。⑯[妄自菲薄]随意地看轻自己。⑰[引喻失义]讲话不恰当。⑱[塞]阻塞。⑲[谏]劝谏。

宫中府中①，俱为一体，陟（zhì）罚臧否（pǐ）②，不宜异同。若有作奸犯科③及④为忠善者，宜付有司⑤论其刑⑥赏，以昭⑦陛下平明之理，不宜偏私⑧，使内外异法⑨也。

【注释】①[宫]指皇宫。[府]指丞相府。②[陟]提拔，晋升。[臧否]赞扬和批评。这里指评论人物好坏。③[作奸犯科]做奸邪事情，触犯科条法令。④[及]以及。⑤[有司]负责专职的官员。⑥[刑]罚。⑦[昭]显示，表明。⑧[偏私]偏袒，有私心。⑨[内外异法]宫内和丞相府的赏罚标准不同。

侍中、侍郎郭攸之、费祎、董允等，此皆良实，志虑忠纯①，是以先帝简拔以遗（wèi）②陛下。愚以为宫中之事，事无大小，悉以咨之③，然后施行，必能裨（bì）补阙（quē）漏④，有所广益⑤。

【注释】①[志虑忠纯]志向和思虑忠诚纯正。②[遗]给予。③[悉以咨之]都拿来跟他们商量。④[裨]补。[阙]通"缺"，缺失，疏漏。⑤[广益]增益。益，好处。

将军向宠，性行淑均①，晓畅②军事，试用③于昔日，先帝称之曰能，是以众议举宠为督④。愚以为营⑤中之事，悉以咨之，必能使行阵⑥和睦，优劣得所⑦。

【注释】①[性行淑均]性情善良品行端正。②[晓畅]精通。③[试用]任用。④[督]武职，向宠曾为中部督（禁卫军统帅）。⑤[营]军营，军队。⑥[行阵]指部队。⑦[优劣得所]好的差的各得其所。

亲贤臣，远小人①，此先汉所以兴隆也；亲小人，远贤臣，此后汉所以倾颓②也。先帝在时，每与臣论此事，未尝不叹息痛恨③于桓、灵也。侍中、尚书、长史、参军，此悉贞良死节④之臣，愿陛下亲之信之，则汉室之隆⑤，可计日⑥而待也。

【注释】①［小人］晚辈，下人，这里指宦官。②［倾颓］倾覆衰败。③［痛恨］痛心，遗憾。④［死节］为国而死的气节，能够以死报国。⑤［隆］兴盛。⑥［计日］计算着天数，指时日不远。

  臣本布衣①，躬耕②于南阳③，苟全④性命于乱世，不求闻达⑤于诸侯。先帝不以臣卑鄙⑥，猥（wěi）⑦自枉屈，三顾⑧臣于草庐之中，咨臣以当世之事，由是感激⑨，遂许先帝以驱驰⑩。后值倾覆，受任于败军之际，奉命于危难之间，尔来二十有⑪一年矣。

【注释】①［布衣］平民，百姓。②［躬］亲自。［耕］耕种。③［南阳］当时南阳郡，今河南南部和湖北北部一带。④［苟全］苟且保全。⑤［闻达］有名望，显贵。⑥［卑鄙］地位、身份低微，见识短浅。⑦［猥］辱，这里有降低身份的意思。⑧［顾］探望。⑨［感激］感奋激发。⑩［驱驰］奔走效劳。⑪［有］通"又"。

  先帝知臣谨慎，故临崩寄臣以大事①也。受命以来，夙夜忧叹②，恐托付不效，以伤先帝之明，故五月渡泸③，深入不毛④。今南方已定，兵甲已足，当奖率⑥三军，北定中原，庶竭驽（nú）钝⑦，攘（rǎng）除⑧奸凶，兴复汉室，还于旧都⑨。此臣所以⑩报先帝而忠陛下之职分也。至于斟酌损益⑪，进尽忠言，则攸之、祎、允之任也。

【注释】①［临崩寄臣以大事］刘备在临死的时候，把国家大事托付给诸葛亮，

锦绣文章的华丽风行：两汉魏晋南北朝古文

并且对刘禅说:"汝与丞相从事,事之如父。"②[夙夜忧叹]早晚忧虑叹息。③[泸]水名,指今雅砻(lóng)江下游和金沙江汇合雅砻江以后的一段。④[不毛]不长草木,这里指贫瘠、未开垦的地方。⑤[兵]武器。⑥[奖率]鼓励和率领。⑦[驽钝]比喻才能平庸,这是诸葛亮自谦的话。⑧[攘除]排除,铲除。⑨[旧都]指东汉都城洛阳。⑩[所以]用来……的是。⑪[斟酌损益]斟酌利弊。

愿陛下托臣以讨贼兴复之效①;不效②,则治臣之罪,以告③先帝之灵。若无兴德之言④,则责攸之、祎、允等之慢⑤,以彰其咎⑥。陛下亦宜自谋,以咨诹(zōu)善道⑦,察纳⑧雅言,深追⑨先帝遗诏。臣不胜受恩感激。今当⑩远离,临⑪表涕零,不知所言⑫。

【注释】①[效]功效。②[不效]没有成效。③[告]告慰,祭告。④[兴德之言]发扬圣德的话。⑤[慢]怠慢,疏忽,指不尽职。⑥[彰其咎]揭示他们的过失。⑦[咨诹善道]询问(治国的)良策。⑧[察纳]识别采纳。⑨[深追]深刻追念。⑩[当]在……时候。⑪[临]面对。⑫[不知所言]不知道该说些什么。

译文

先帝开创大业还没有完成一半,就中途去世了。如今天下分为三国,我们蜀汉国力困乏、民生凋敝,这真是危急存亡的时刻啊。然而侍卫臣僚在内勤劳不懈,忠心的将士在外舍生忘死,这是因为他们追念先帝的特殊恩遇,想在您的身上进行报答。

您应该广泛听取臣下的意见，以发扬光大先帝遗留下的美德。激发志士的勇气，不应当随便看轻自己，言谈不当，从而堵塞了忠言进谏的道路。

宫禁中的侍卫、各府署的臣僚都是一个整体，赏罚褒贬，不应有所不同。如有作恶违法的人，或行为忠善的人，都应该交给主管官吏评定对他们的惩奖，以显示陛下公正严明的治理；不应该有所偏袒，使宫内宫外执法不同。

侍中郭攸之、费祎、董允等人，都是善良诚实、心志忠贞纯洁的人，因此先帝选拔他们留下来辅佐陛下。我认为宫中之事，无论大小，都可以去咨询他们，然后施行，这样一定能弥补缺失，增益实效。

将军向宠，心性品德善良平和，又通晓军事。过去经过试用，先帝称赞他很有才能，因此众人商议推举他做中部督。我认为禁军营中的事都去咨问于他，必能使军队和睦，不同才能的人各得其所。

亲近贤臣，疏远小人，这是前汉之所以兴盛的原因；亲近小人，疏远贤臣，这是后汉之所以衰败的原因。先帝在世时，每次与臣谈论这些事，没有一次不叹息而痛恨桓帝、灵帝时期的腐败。侍中、尚书、长史、参军，这些人都是忠贞善良、能以死报国的大臣，希望陛下亲近他们，信任他们，那么汉朝的复兴，就会指日可待了。

我原本是一个平民，在南阳亲自耕田，只想在乱世里苟全性命，不求在诸侯间扬名显身。先帝不介意我卑微鄙陋，而委屈自己，三次到草庐中来拜访我，向我询问天下大事，因此我感动奋发，从而同意为先帝奔走效力。后来遭遇失败，我在军事失利之际接受任命，形势危急之时奉命出使，从这以来二十一年了。

先帝知道我做事谨慎，所以临终把国家大事托付给我。接受遗命以来，我日夜忧虑叹息，唯恐托付的事不能完成，有损于先帝的英明。因此五月渡泸南征，深入荒凉之地。现在南方已经平定，兵甲已经充足，我应当勉励和统率三军，北伐平定中原地区，以便竭尽我拙劣的能力，扫除奸邪、兴复汉室、返还旧都，这是我用以报答先帝尽忠陛下的职责。至于处置日常之事，决定取舍损益，毫无保留进献忠言，那是郭攸之、费祎、董允的责任。

希望陛下把讨伐汉贼、兴复汉室的任务交给我去完成；若不能完成，就治我的罪，用来告慰先帝的英灵。如果没有增进圣德的忠言，那就责备郭攸之、费祎、董允的怠慢，以表明他们的过失。陛下也应当谋求自强，征询臣下的意见，明察并采纳正确的言论，深思先帝的遗诏。臣蒙受大恩，不胜感激。现在即将离朝远征，一边写表，一边流泪，真不知该说些什么。

欣赏文言之美

蜀汉建兴五年（227），在诸葛亮受任辅佐后主使得蜀汉国力逐渐稳定、南方叛乱业已平定的情况下，蜀汉丞相诸葛亮为了实现全国统一的目标，完成刘备的遗愿，于是向后主刘禅上表，决定出师北伐曹魏，而这份上表就是名垂寰宇的《出师表》。《出师表》是中国文学史上有名的篇章，苏轼曾评价说："（《出师表》）简而尽，直而不肆，大哉言乎！与《伊训》《说命》相表里，非秦汉以来以事君为悦者所能至也。"

《出师表》全文可以分为三个部分，即规劝后主、回顾经历和表明北伐决心。第一部分规劝后主，诸葛亮首先分析了蜀汉面临的严峻形势——"天下三分，益州疲弊"，据此提出了改革弊政、励精图治、"开张圣听"、赏罚分明的建议,并且沉痛指出"亲小人,远贤臣,此后汉所以倾颓也"的历史教训。第二部分回顾经历,诸葛亮叙述了二十年来以身报国的经过,讲述了先主刘备对自己的知遇之恩、临终嘱托和自己受托的心情。第三部分表明北伐决心,其出发点是完成先主遗愿,以达到"兴复汉室"的目的,同时反复叮嘱要"自谋",要"察纳雅言",时刻记住"先帝遗诏",表达了对后主的无限依恋。

《出师表》作为一篇奏章,全文以议论为主,其核心思想是要后主知道先帝创业的艰难,并激励后主立志完成先帝未竟的大业。因此文章既晓之以理,又动之以情,前半部分重在说理,后半部分重在言情。把议论、叙事和抒情完美结合起来,从而取得了析理精辟、真情充沛、感人至深的效果。所以刘勰在《文心雕龙》中说:"孔明之辞后主,志尽文畅。"

躬耕陇亩的诸葛亮

诸葛亮于汉灵帝光和四年(181)出生在琅琊郡阳都县的一个官吏之家,诸葛亮的父亲在东汉末年做过泰山郡丞。诸葛亮与弟弟诸葛均一起跟叔父诸葛玄投奔荆州刘表。建安二年(197),诸葛玄去世,诸葛亮就在隆中隐居。他平日喜欢吟诵《梁甫吟》,又常以管仲、乐毅自比,时人对他都不屑一顾,只有好友徐庶、崔州平等人相信他的才干。其时他在荆州与石韬、徐庶、孟建游学,三人读书都力求精熟,只有诸葛亮"观其大略"。后来孟建欲北归故乡,诸葛亮对他说:"中原的士大夫多的是,你只管遨游就好,何必回到故乡呢!"

诫子书

[三国] 诸葛亮

小档案

出　　处：《诸葛亮集》。
名　　句：非淡泊无以明志，非宁静无以致远；淫慢则不能励精，险躁则不能治性。
关 键 词：静以修身，俭以养德。
文　　体：书信。

夫①君子之行，静②以修身，俭以养德③。非淡泊④无以明志，非宁静无以致远⑤。夫学须静也，才须学也，非学无以广才⑥，非志无以成⑦学。淫慢⑧则不能励精，险躁⑨则不能治性。年与时驰⑩，意与日去⑪，遂成枯落⑫，多不接世⑬，悲守穷庐⑭，将复何及⑮！

【注释】①[夫]发语词。②[静]屏除杂念和干扰，宁静专一。③[养德]培养品德。④[淡泊]内心恬淡。⑤[宁静]这里指安静，集中精神，不分散精力。[致远]达到远大目标。⑥[广才]增长才干。⑦[成]达成，成就。⑧[淫慢]放纵懈怠，过度享乐。⑨[险躁]轻薄浮躁。⑩[与]跟随。[驰]疾行，指迅速逝去。⑪[日]时间。[去]消逝，逝去。⑫[遂]最终。[枯落]凋落，衰残。比喻人年老志衰，没有用处。⑬[接世]接触社会，承担事务，对社会有益。⑭[穷庐]穷困潦倒之人住的陋室。⑮[将复何及]又怎么来得及。

译文

君子的行为操守,从宁静来提高自身的修养,以节俭来培养自己的品德。不恬静寡欲无法明确志向,不排除外来干扰无法达到远大目标。学习必须静心专一,而才干来自学习,不学习就无法增长才干,没有志向就无法使学习有所成就。放纵懒散就无法振奋精神,急躁冒险就不能陶冶性情。年华随时光而飞驰,意志随岁月而流逝,最终枯败零落,大多不接触世事、不为社会所用,只能悲哀地坐守着那穷困的居舍,其时悔恨又怎么来得及!

欣赏文言之美

《诫子书》是诸葛亮写给儿子诸葛瞻的一封信。诸葛瞻,字思远,是诸葛亮的长子。诸葛瞻从小就深受诸葛亮的喜爱,诸葛亮在给兄长诸葛瑾的书信中就说过:"瞻今已八岁,聪慧可爱,嫌其早成,恐不为重器耳。"可见诸葛亮对儿子的心性十分了解,因此在这封给儿子的书信中,有针对性地提出了自己的见解。

文中诸葛亮教育儿子,要他"淡泊"自守,"宁静"自处,鼓励儿子要励志勤学,从淡泊宁静上下功夫。文章不但说明了修身养性的途径和方法,也说明了立志和学习的关系;进一步说明了宁静淡泊的重要性,又说明淫慢险躁的严重后果。全文短小精悍,言简意赅,文字清新雅致,不事雕琢,字字句句都是慈父口吻,故而说理论事平易近人。

《诫子书》不仅仅是诸葛亮给儿子的教诲,更为后世留下了宝贵的文化遗产。"静以修身,俭以养德""非淡泊无以明志,非宁静无以致远"都是脍炙人口的名句。

读懂 小古文 爱上 大语文

李密：孝养可崇，清风素范

李密（224—287），又名虔，字令伯，西晋犍为郡武阳县（今四川眉山东北）人。蜀汉、西晋官员。在晋官至汉中太守。

李密幼年丧父，母亲改嫁，与祖母刘氏相依为命。李密虽从小境遇不佳，但十分好学，师从于谯周门下，专攻《春秋左氏传》，亦博览五经，并涉猎其他书籍。早年曾任尚书郎、大将军主簿及太子洗马等职，更曾经数次出使东吴，并得东吴君臣称许。魏灭蜀后，征西将军邓艾因敬慕他的才能而请他任自己的主簿，又写信招他见面，但李密都一概不应。及至后来州郡（比如益州刺史董荣）再来征命，李密仍然为了奉养祖母，而拒绝出仕，只在闲暇时讲学授徒。泰始三年（267），晋武帝司马炎立太子，下诏征召李密入朝当太子洗马，李密于是作《陈情表》向晋武帝陈述因由，其言辞恳切，感人至深，终得晋武帝恩许，不再逼召他出仕，更赐他奴婢二人，又命郡县资给刘氏膳食。

后来刘氏去世，朝廷待李密为其守丧后再召李密出任太子洗马。后转尚书郎及温县县令，后转益州大中正。因着自己的才能，李密也想升入朝廷中枢内，然而他于朝中无援，还是未能如愿，只改任汉中太守，一年后罢官归田。

李密后于家中去世，享年六十四岁。

陈情表

[西晋] 李密

小·档案

出　处：《文选》。
名　句：外无期功强近之亲，内无应门五尺之童。
　　　　茕茕孑立，形影相吊。
　　　　日薄西山，气息奄奄。
文　体：疏表。

臣密言：臣以险衅（xìn）①，夙遭闵（mǐn）②凶。生孩六月，慈父见背③；行年四岁，舅夺母志④。祖母刘，愍臣孤弱，躬亲抚养。臣少多疾病，九岁不行；零丁孤苦，至于成立⑤。既无伯叔，终鲜兄弟，门衰祚（zuò）⑥薄，晚有儿息⑦。外无期功强近之亲⑧，内无应门⑨五尺之童。茕（qióng）茕孑立⑩，形影相吊⑪。而刘夙婴⑫疾病，常在床蓐（rù）⑬，臣侍汤药，未曾废离⑭。

【注释】①[险衅]灾难祸患。指命运坎坷。②[闵]同"悯"，指可忧患的事（多指疾病死丧）。③[见背]弃我而死去。④[舅夺母志]指舅父强行改变了李密母亲守节的志向。⑤[成立]长大成人。⑥[祚]福分。⑦[儿息]子嗣。⑧[期功强近之亲]指关系比较近的亲戚。⑨[应门]指守护和应接叩门。⑩[茕茕孑立]生活孤单无靠。茕茕，孤单的样子。⑪[吊]安慰。⑫[婴]缠绕。⑬[蓐]草垫子。⑭[废离]停止奉养而离开（祖母）。

逮奉圣朝，沐浴清化①。前太守②臣逵，察臣孝廉③；后刺史④臣荣，举臣秀才⑤。臣以供养无主，辞不赴命。诏书特下，拜⑥臣郎中；寻⑦蒙国恩，除臣洗（xiǎn）马⑧。猥⑨以微贱，当侍东宫⑩，非臣陨（yǔn）首⑪所能

锦绣文章的华丽风行：两汉魏晋南北朝古文

上报。臣具以表闻，辞不就职。诏书切峻⑫，责臣逋（bū）慢⑬；郡县逼迫，催臣上道；州司⑭临门，急于星火。臣欲奉诏奔驰，则刘病日笃⑮；欲苟顺⑯私情，则告诉不许。臣之进退，实为狼狈。

【注释】①[清化]清明的教化。②[太守]郡的地方长官。③[孝廉]汉代所设举荐人才的一种科目，推举孝顺父母、品行方正的人。④[刺史]州的地方长官。⑤[秀才]汉代所设选拔人才的一种科目，这里指优秀人才。⑥[拜]授官。⑦[寻]不久。⑧[洗马]官名。太子的属官，在宫中服役，掌管图书。⑨[猥]辱，自谦之词。⑩[东宫]太子居住的地方。这里指太子。⑪[陨首]丧命。⑫[切峻]急切严厉。⑬[逋慢]有意拖延，怠慢上命。⑭[州司]州官。⑮[日笃]日益沉重。⑯[苟顺]姑且迁就。

伏惟①圣朝以孝治天下，凡在故老②，犹蒙矜（jīn）育③，况臣孤苦，特为尤甚。且臣少仕伪朝④，历职郎署⑤，本图宦达，不矜⑥名节。今臣亡国贱俘，至微至陋，过蒙拔擢，宠命⑦优渥，岂敢盘桓，有所希冀？但以刘日薄西山，气息奄奄，人命危浅，朝不虑夕。臣无祖母，无以至今日；祖母无臣，无以终余年。母孙二人，更相为命，是以区区⑧不能废远。

【注释】①[伏惟]旧时奏疏、书信中下级对上级常用的敬语。②[故老]元老，旧臣。③[矜育]怜惜，抚育。④[伪朝]指蜀汉。⑤[历职郎署]指曾在蜀汉官署中担任过郎官职务。⑥[矜]看重，推崇。⑦[宠命]加恩特赐的任命。指拜郎中、洗马等官职。⑧[区区]拳拳，形容自己的私情。

臣密今年四十有四，祖母刘今年九十有六。是臣尽节于陛下①之日长，报养刘之日短也。乌鸟私情②，愿乞终养。臣之辛苦，非独蜀之人士及二州牧伯③所见明知，皇天后土④实所共鉴。愿陛下矜愍愚诚⑤，听⑥臣微志。庶刘侥幸，保卒余年。臣生当陨首，死当结草⑦。臣不胜犬马⑧怖惧之情，谨拜表以闻。

【注释】①[陛下]对帝王的尊称。②[乌鸟私情]相传乌鸦能反哺，所以常用来比喻子女对父母的孝养之情。③［牧伯］州郡行政长官。④［皇天后土］犹言天地神明。⑤［愚诚］谦辞，指自己的诚意、衷情。⑥［听］任从。⑦［结草］代指报恩。⑧［犬马］作者自比，表示谦卑。

译文

臣子李密陈言：我因命运不好，从小便遭遇不幸。刚出生六个月，我慈爱的父亲就不幸去世了；到了四岁那年，舅父逼母亲改嫁。我的祖母刘氏，怜悯我孤苦弱小，便亲自对我加以抚养。臣小的时候经常生病，九岁时还不会行走；孤独无靠，一直到长大成人。既没有叔叔伯伯，又没什么兄弟，门庭衰微而福分浅薄，很晚才有儿子。在外面没有比较亲近的亲戚，在家里又没有照应门户的僮仆。生活孤单没有依靠，每天只有和自己的影子相互安慰。而祖母刘氏很早就疾病缠身，时常卧床不起，我侍奉她吃饭喝药，从来就没有停止侍奉而离开她。

到了圣朝建立，我蒙受着清明的政治教化。前任太守逵，推举臣下为孝廉；后任刺史荣，又推举臣下为优秀人才。臣下因为侍奉赡养祖母的事无人承担，辞谢不接受任命。朝廷又特地下了诏书，任命我为郎中，不久又蒙受国家恩命，任命我为太子洗马。像我这样出身微贱、地位卑下的人，担当侍奉太子的职务，这实在不是我杀身捐躯所能报答朝廷的。我将以上苦衷上表报告，加以推辞不去就职。但是诏书急切严厉，责备我逃避命令，有意拖延，态度傲慢；郡县长官催促我立刻上路；州官登门督促，比流星坠落还要急迫。我很想遵从皇上的旨意赴京就职，但祖母刘氏的病却一天比一天重；想要姑且顺从自己的私情，但报告申诉不被允许。我是进退两难，十分狼狈。

我想到圣明的朝代是用孝道来治理天下的，凡是年老而德高的旧臣，尚且还受到怜悯赡养，何况我的孤苦程度更为严重呢。况且我年轻的时候

读懂 小古文 爱上 大语文

曾经做过蜀汉的官,担任过郎官职务,本来就希望做官显达,并不顾惜名声节操。现在我是一个低贱的亡国俘虏,十分卑微浅陋,受到过分提拔,恩宠优厚,怎敢犹豫不决而有非分的企求呢?只是因为祖母刘氏寿命即将终了,气息微弱,生命垂危,朝不保夕。臣下我如果没有祖母,就不能长大活到今天;祖母如果没有我的照料,也无法度过她的余生。我们祖孙二人,相依为命,因此我的内心不愿放弃对祖母的奉养而远出做官。

臣下我今年四十四岁,祖母刘氏今年九十六岁,臣下我在陛下面前尽忠尽节的日子还长着呢,而在祖母刘氏面前尽孝尽心的日子已经不多了。我怀着乌鸦反哺的私情,乞求能够准许我完成对祖母养老送终的心愿。我的辛酸苦楚,不仅蜀地的百姓及益州、梁州的长官亲眼看见、内心明白,连天地神明,也都看得清清楚楚。希望陛下能怜悯我的愚拙和诚心,允许臣下完成自己的一点小小的心愿,使祖母刘氏能够侥幸地保全她的余生。我活着应当杀身报效朝廷,死了也要结草衔环来报答陛下的恩情。臣下我怀着犬马一样不胜恐惧的心情,恭敬地呈上此表来使陛下知道这件事。

欣赏文言之美

李密出身蜀汉,曾在蜀汉任职。蜀汉灭亡之后,经人推荐,晋武帝下诏先拜李密为郎中,后又任命为太子洗马。然而李密却推辞不出,《陈情表》就是李密给晋武帝的一封奏疏,文中言辞恳切地表明了自己不能奉诏就职的原因——自己早年经历坎坷,得到祖母刘氏抚育才长大成人,现在祖母年事已高,需要自己尽孝奉养。

文章第一段先写自己的遭遇,父亲早逝,母亲改嫁,自己又年幼多病,幸亏祖母刘氏抚育,才得以长大成人。苦难的遭遇和家庭的单薄,对于抚养自己的祖母,李密感情很深,因此才说"臣侍汤药,未曾废离"。

这是李密自己的特殊情况，而不是可以不奉诏出仕。第二、三段则讲述了自己接到诏书之后的进退失据，狼狈不堪。李密自己很想走马上任，"奉诏奔驰"。然而祖母年老卧病，不能离人。在这样的情况下，李密从晋武帝倡导"以孝治天下，凡在故老，犹蒙矜育"出发，希望晋武帝能够允许自己为祖母尽孝。况且自己是"亡国贱俘，至微至陋"，而面对"宠命优渥"并不敢迁延不进，真实情况就像他自己说的"臣无祖母，无以至今日；祖母无臣，无以终余年"。文章结尾，李密表达了自己的愿望，希望晋武帝能允许自己为祖母尽孝，并表示此后"生当陨首，死当结草"，以报答晋武帝的知遇之恩。

  本文词意诚恳，语言简洁，委婉流畅，是整个文学史上抒情散文的代表作。所以南宋赵与时在其《宾退录》中说："读诸葛孔明《出师表》而不堕泪者，其人必不忠。读李令伯《陈情表》而不堕泪者，其人必不孝。"

读懂 小古文 爱上 大语文

陈寿：善于叙事，一代良史

陈寿（233—297），字承祚。巴西郡安汉县（今四川南充）人。三国时蜀汉及西晋时著名史学家。

陈寿少时师事同郡学者谯周，与李密、文立、罗宪等人齐名。在蜀汉时曾任东观秘书郎、观阁令史等职。由于陈寿不依附权宦黄皓，因而多次遭到贬黜。蜀汉灭亡之后，在罗宪的推荐下，晋司空张华十分欣赏他的才能，举其为孝廉，后补任阳平令。张华后来打算推荐陈寿出任中书郎，为荀勖所阻挠，陈寿也以母亲年老而推辞。此后，他在杜预的推荐下，担任了治书侍御史。在此期间，他撰写了《蜀相诸葛亮集》上奏朝廷，因此功绩而被授职著作郎，兼任本郡中正。这以后陈寿就全身心投入编写魏蜀吴的历史之中，撰写成了《三国志》，共计65卷。

《三国志》一经写成，在当时就获得了很高的评价。同时代人夏侯湛当时也写了《魏书》，看到陈寿的作品之后，就销毁了自己的著作。刘勰在《文心雕龙·史传》中说："唯陈寿三志，文质辨洽，荀、张比之于迁、固，非妄誉也。"陈寿的《三国志》以取材严谨、文字简洁见长，其中不仅记录了当时的政治、经济、军事情况，还保留了当时的文学、艺术、科技乃至当时邻国的历史。

除了正史，陈寿还撰写过地方史志。益州自从东汉光武帝之后，蜀郡人郑伯邑等曾撰写《巴蜀耆旧传》。陈寿认为这些书都不值得流传后世，于是撰写成《益部耆旧传》十篇。散骑常侍文立向朝廷呈献此书，得到武帝的嘉奖。

隆中对

[西晋]陈寿

小档案

出　　处：《三国志·蜀书·诸葛亮传》。
名　　句：今操已拥百万之众，挟天子而令诸侯。
关 键 词：三顾茅庐。
文　　体：传记。

亮躬耕陇亩①，好（hào）为《梁父（fǔ）吟》②。身长八尺，每自比于管仲③、乐（yuè）毅④，时人莫之许也。惟博陵崔州平、颍川徐庶元直与亮友善，谓为信然⑤。

【注释】①[陇亩]田地。②[《梁父吟》]又作《梁甫吟》，古歌曲名。③[管仲]名夷吾，春秋时齐桓公的国相，帮助桓公建立霸业。④[乐毅]战国时燕昭王的名将。⑤[信然]确实这样。

时先主①屯新野②。徐庶见先主，先主器③之，谓先主曰："诸葛孔明者，卧龙也，将军岂愿见之乎？"先主曰："君与俱来。"庶曰："此人可就见，不可屈致④也。将军宜枉（wǎng）驾⑤顾之。"由是先主遂诣亮，凡三往，乃见。

【注释】①[先主]刘备。②[新野]现河南新野。③[器]器重，重视。④[屈致]委屈招致。⑤[枉驾]屈尊相访。

因屏①人曰："汉室倾颓，奸臣窃命，主上蒙尘②。孤不度德量力，欲信③大义于天下；而智术浅短，遂用猖蹶④，至于今日。然志犹未已，君谓计将安出？"亮答曰："自董卓已来，豪杰并起，跨州连郡者不可胜数。

曹操比于袁绍，则名微而众寡。然操遂能克绍，以弱为强者，非惟天时，抑亦人谋也。今操已拥百万之众，挟⁵天子而令诸侯，此诚不可与争锋。孙权据有江东，已历三世，国险而民附，贤能为之用，此可以为援而不可图也。荆州北据汉、沔，利尽⁶南海，东连吴会，西通巴蜀，此用武之国，而其主不能守，此殆天所以资⁷将军，将军岂有意乎？益州险塞，沃野千里，天府之土，高祖因之以成帝业。刘璋暗弱，张鲁在北，民殷⁸国富而不知存恤，智能之士思得明君。将军既帝室之胄，信义著于四海，总揽英雄，思贤如渴，若跨有荆、益，保其岩阻，西和诸戎，南抚夷越，外结好孙权，内修政理；天下有变，则命一上将将荆州之军以向宛、洛，将军身率益州之众出于秦川，百姓孰敢不箪食壶浆⁹以迎将军者乎？诚如是，则霸业可成，汉室可兴矣。"

【注释】①［屏］退避。②［蒙尘］蒙受风尘，专指皇帝遭难出奔。③［信］同"伸"，伸张。④［猖蹶］失败，倾覆。⑤［挟］挟持，控制。⑥［尽］全部。⑦［资］资助。⑧［殷］兴旺。⑨［箪食壶浆］用箪盛着饭，用壶盛着汤。

先主曰:"善!"于是与亮情好①日密。关羽、张飞等不悦,先主解②之曰:"孤之有孔明,犹③鱼之有水也。愿诸君勿复言。"羽、飞乃止。

【注释】①[情好]交谊,友情。②[解]解释。③[犹]好像。

译文

诸葛亮亲自在田地中耕种,喜爱吟唱《梁父吟》。他身高八尺,常常把自己和管仲、乐毅相比,当时人们都不承认这件事。只有博陵的崔州平、颍川的徐庶与诸葛亮关系甚好,说确实是这样。

适逢先帝刘备驻扎在新野。徐庶拜见刘备,刘备很器重他,徐庶对刘备说:"诸葛孔明这个人,是人间卧伏着的龙啊,将军可愿意见他?"刘备说:"您和他一起来吧。"徐庶说:"这个人只能你去他那里拜访,不可以委屈他,召他上门来,将军你应该屈尊亲自去拜访他。"因此刘备就去隆中拜访诸葛亮,总共去了三次,才见到诸葛亮。

于是刘备叫旁边的人退下,说:"汉室的统治崩溃,奸邪的臣子盗用政令,天子被迫流亡在外。我不能衡量自己的德行能否服人,估计自己的力量能否胜任,想要为天下人伸张大义;然而我才智与谋略短浅,就因此失败,弄到今天这个局面。但是我的壮志还没有消失,您认为该采取什么样的计策呢?"诸葛亮回答道:"自董卓谋反以来,各地豪杰同时起兵,占据州、郡的人数不胜数。曹操与袁绍相比,名望低微而且兵马也少,然而曹操最终之所以能打败袁绍,凭借弱小的力量战胜强大,不仅依靠的是天时好,而且也是人的谋划得当。现在曹操已拥有百万大军,挟持皇帝来号令诸侯,这确实不能与他争强。孙权占据江东,已经历了三代,地势险要,

读懂 小古文 爱上 大语文

民众归附，又任用了有才能的人，孙权这方面只可以把他作为外援，但是不可谋取他。荆州北边据有汉水、沔水，南海的一切资源都能得到，东面和吴郡、会稽郡相连，西边和巴郡、蜀郡相通，这是大家都要争夺的地方，但是它的主人却没有能力守住它，这大概是天意要以此用来资助将军的，将军你可有占领它的意思呢？益州地势险要，有广阔肥沃的土地，自然条件优越，高祖凭借它建立了帝业。刘璋昏庸懦弱，张鲁在北面占据汉中，人口众多，物产丰富，刘璋却不知道爱惜，有才能的人都渴望得到贤明的

君主。将军既是皇室的后代，又以诚信道义闻名天下，广泛地罗致英雄，求贤若渴，如果能占据荆、益两州，守住险要的地方，和西边的各个民族和好，又安抚南边的少数民族，对外联合孙权，对内革新政治；一旦天下形势发生了变化，就派一员上将率领荆州的军队向宛城、洛阳一带进发，将军您亲自率领益州的军队从秦川出击，老百姓谁敢不用竹篮盛着饭食，用壶装着汤来欢迎将军您呢？如果真能这样做，那么称霸的事业就可以成功，汉室天下就可以复兴了。"

刘备说："好！"从此与诸葛亮的关系一天天亲密起来。关羽、张飞等人不高兴了，刘备劝解他们说："我有了孔明，就像鱼得到水一样。希望你们不要再说什么了。"关羽、张飞这才不作声了。

欣赏文言之美

本文选自《三国志·蜀书·诸葛亮传》，本传讲述了蜀汉丞相诸葛亮的一生，为后世塑造了一个勤政爱民、忠君报国的忠臣形象。虽然有人评价陈寿有刻意贬低诸葛亮的嫌疑，但是在赞语中陈寿依然对诸葛亮推崇备至："诸葛亮之为相国也，抚百姓，示仪轨，约官职，从权制，开诚心，

诸葛亮的先见之明

诸葛亮为刘备描绘的战略使命，是顺着刘备"欲信大义于天下"，寄托重建统一王朝的理想。能够看得见的愿景，是"跨有荆、益"造成鼎立之势。攻守策略，是利用刘表的见识浅薄，先取"北据汉、沔，利尽南海，东连吴会，西通巴蜀"的荆州，占据"用武之国"的地利；再取"沃野千里，天府之土"的益州作为后盾。面对北方拥有百万之众、挟天子而令诸侯，"诚不可与争锋"的曹操，"据有江东，已历三世，国险而民附，贤能为之用"的孙权，内修政理，外结孙权，待机而起，以宛、洛为主攻方向，以秦川为侧翼呼应，进取天下。这一设想如果完全实现，确实可以做到"霸业可成，汉室可兴"。所以，这一构思打动了刘备。

布公道。尽忠益时者虽仇必赏，犯法怠慢者虽亲必罚，服罪输情者虽重必释，游辞巧饰者虽轻必戮。善无微而不赏，恶无纤而不贬。庶事精练，物理其本，循名责实，虚伪不齿。终于邦域之内，咸畏而爱之，刑政虽峻而无怨者，以其用心平而劝戒明也。可谓识治之良才，管、萧之亚匹矣。"

　　《隆中对》一节是《诸葛亮传》中的精彩篇章。第一段先给世人展示了一个性格鲜明的高士形象——诸葛亮隐居不仕，躬耕田亩，喜欢唱《梁父吟》。然而和别的隐士不同，诸葛亮不仅身材高大，更是满怀抱负，因此才以管仲、乐毅自况。不仅自己认为可与两个古人并肩，即便是他的朋友也是这个观点。第二段则是从侧面描写诸葛亮的与众不同。先写徐庶推荐诸葛亮，再写刘备为求贤而三顾，留下了三顾茅庐的佳话。文中徐庶和刘备的对话，一方面让诸葛亮"卧龙"的形象更为鲜明，另一方面也表现了刘备求贤若渴的心情。正是有了前文的正反两方面的铺垫，才为下文的隆中对策奠定了基础。

　　第三段是本文的核心，刘备首先表述了自己对政治形势的判断，以及自己的政治抱负，由此引出诸葛亮的对策，表现了诸葛亮作为一个政治家、军事家的与众不同、切合实际的见解。诸葛亮从当时的形势分析，首先表明了曹操"不可与争锋"以及孙权"不可图"的军事势态，从而引出下文三分天下的布局。接着诸葛亮为刘备擘画了未来的政治蓝图——取荆州的可能性，更分析了进占益州以之作为建立大业的基地的可行性。最后诸葛亮陈述了刘备完全具有取得荆州、益州的条件，并进一步分析了取得二州之后应采取的措施和前景。其中的地利优势是"保其岩阻"，人为优势是"西和诸戎，南抚夷越，外结好孙权，内修政理"，在此基础上，一旦天时有利，就能做到"霸业可成，汉室可兴"。

　　《隆中对》一文叙事流畅，语言简洁，分析精辟，论述周详。当时人评价《三国志》"善叙事，有良史之才"，由此可见一斑。

王羲之：尽善尽美，千古书圣

王羲之（303—361），字逸少，原籍琅琊郡（今山东临沂），后迁居会稽郡山阴（今浙江绍兴），官拜右军将军，人称王右军，为名臣王导之侄。中国著名书法家，史称书圣。

王羲之自小求知欲很强，善于思考。早年跟女书法家卫铄（卫夫人）学习书法。相传王羲之住处附近有一小池，王羲之练完书法均在此洗笔，每日习字，久之，池水为之变黑，竟能直接蘸取充墨汁用。当年王羲之在温州担任永嘉郡守之际，曾在今温州墨池坊挥洒文墨，故于温州鹿城区市政府旧址前有一墨池。

王羲之最初的官职是秘书郎，其主要任务是整理和校阅宫中文库中的图书。永和四年（348）升为护军将军。王羲之恪尽职守，关心士卒的疾苦，他任护军将军时发了题为《临护军教》的第一道命令。

永和九年（353）三月三日，王羲之与友人孙绰、谢安等41人于会稽山阴（今浙江绍兴）之兰亭赏酒玩诗。当日天朗气清，惠风和畅，茂林修竹，又有清流激湍，映带左右，文人们"曲水流觞"，并抒写由此而引发的内心感慨，得诗37首，集为《兰亭诗集》。王羲之为之作序，即为《兰亭集序》。《兰亭集序》在书法史上被认为是书法经典，有"天下第一行书"之称。在文学上，该序文通篇语言流畅、不加藻饰、通俗自然，骈散结合，灵活自如，堪称东晋散文中的名篇。

永和十一年（355），王羲之写下后世流传的《告誓文》后，即离开官场，过起了闲云野鹤的退隐生活。6年之后，因病去世。

兰亭集序

[东晋] 王羲之

小·档案

出　处：《古文观止》。
名　句：此地有崇山峻岭，茂林修竹，又有清流激湍，映带左右。
　　　　仰观宇宙之大，俯察品类之盛。
文　体：序文。

　　永和①九年，岁在癸丑。暮春②之初，会③于会稽（kuài jī）④山阴⑤之兰亭，修禊（xì）⑥事也。群贤⑦毕至⑧，少长⑨咸⑩集。此地有崇山峻岭⑪，茂林修竹⑫，又有清流激湍（tuān）⑬，映带⑭左右，引以为流觞（shāng）曲水⑮，列坐其次⑯。虽无丝竹管弦⑰之盛，一觞一咏⑱，亦足以畅叙幽情⑲。

【注释】①［永和］东晋皇帝司马聃（晋穆帝）的年号（345—356）。②［暮春］阴历三月。③［会］集会。④［会稽］郡名，治所在今浙江绍兴。⑤［山阴］当时的县名。⑥［禊］一种祭礼。古时以三月上旬的巳日（魏以后定为三月三日）为修禊日。⑦［群贤］诸多贤士能人。⑧［毕至］全到。⑨［少长］如王羲之的儿子王凝之、王徽之是少；谢安、王羲之等是长。⑩［咸］都。⑪［崇山峻岭］高峻的山岭。⑫［修竹］高高的竹子。⑬［激湍］流势很急的水。⑭［映带］景物互相衬托。⑮［流觞曲水］把盛酒的酒杯放入弯曲的水道中任其漂流，杯停在谁面前，谁就引杯饮酒。⑯［次］旁边。⑰［丝竹管弦］演奏音乐。⑱［一觞一咏］喝着酒作着诗。⑲［幽情］深远高雅的情思。

读懂 小古文 爱上 大语文

　　是日①也，天朗气清，惠风②和畅③。仰观宇宙之大，俯察品类之盛④，所以⑤游目骋（chěng）⑥怀，足以极⑦视听之娱，信⑧可乐也。

【注释】①[是日]这一天。②[惠风]和风。③[和畅]缓和。④[品类之盛]万物的繁多。⑤[所以]用来。⑥[骋]开畅，舒展。⑦[极]穷尽。⑧[信]实在。

　　夫人之相与，俯仰①一世，或取诸②怀抱，悟③言一室之内；或因寄所托，放浪形骸④之外。虽趣舍万殊⑤，静躁⑥不同，当其欣于所遇，暂⑦得于己，快然自足⑧，不知老之将至⑨；及其所之既倦⑩，情随事迁⑪，感慨系之⑫矣！向⑬之所欣，俯仰之间，已为陈迹⑭，犹不能不以之兴怀⑮，况修短随化⑯，终期⑰于尽！古人云："死生亦大矣⑱。"岂不痛哉！

【注释】①[俯仰]表示时间的短暂。②[取诸]取之于，从……中取得。③[悟]同"晤"，面对。④[放浪]放纵，无拘束。[形骸]身体，形体。⑤[趣舍万殊]各有各的爱好，取舍各不相同。趣，同"取"。⑥[静躁]安静与躁动。⑦[暂]短暂，一时。⑧[快然自足]感到高兴和满足。⑨[不知老之将至]（竟）不知道衰老将要到来。⑩[所之既倦]（对于）所喜爱或得到的事物已经厌倦。⑪[迁]变化。⑫[感慨系之]感慨随着产生。⑬[向]过去，以前。⑭[陈迹]旧迹。⑮[以之兴怀]因它而引起心中的感触。⑯[化]造化，自然。⑰[期]至，及。⑱[死生亦大矣]死生是一件大事啊。

每览昔人兴感之由，若合一契①，未尝不临文嗟（jiē）悼②，不能喻③之于怀。固知一死生为虚诞④，齐彭殇⑤为妄作⑥。后之视今，亦犹今之视昔，悲夫！故列叙时人，录其所述⑦，虽世殊事异，所以兴怀，其致一也⑧。后之览者⑨，亦将有感于斯文。

【注释】①[契]符契，古代的一种信物。②[临文嗟悼]读古人文章时叹息哀伤。临，面对。③[喻]明白。一说是消解、释怀的意思。④[虚诞]虚妄荒诞。⑤[彭殇]谓寿夭。彭，彭祖，传说中的长寿之人。殇，未成年而死去的人。⑥[妄作]虚妄之谈。⑦[录其所述]抄录下他们作的诗。⑧[其致一也]人们的思想情趣是一样的。⑨[后之览者]后世的读者。

译文

永和九年，时在癸丑之年，三月上旬，我们会集在会稽郡山阴县的兰亭，举行修禊活动。众多贤才都来到这里，年龄大的小的都聚集在这里。兰亭这个地方有高峻的山峰，茂盛的树林，高高的竹子。又有清澈湍急的溪流，辉映环绕着两旁的景物，我们引溪水作为漂流酒杯的曲折水道，排列坐在水边，虽然没有演奏音乐的盛况，但喝点酒，作点诗，也足够来畅快叙述幽深内藏的感情了。

这一天，天气晴朗，空气清新，和风温暖，仰首观览到宇宙的浩大，俯首观察大地上众多的万物，用来舒展眼力，开阔胸怀，足够来极尽视听的欢娱，实在很快乐。

人与人相互交往，很快便度过一生。有的人在室内面对面畅谈自己的胸怀抱负；有的人就着自己所爱好的事物，寄托情怀，放纵无羁地生活。虽然各有各的爱好，安静与躁动各不相同，但当他们对所接触的事物感到高兴时，一时感到自得，感到高兴和满足，竟然不知道衰老将要到来。等到对得到或喜爱的东西已经厌倦，感情随着事物的变化而变化，感慨随之产生。过去所喜欢的东西，转瞬间，已经成为旧迹，尚且不能不因为它引发心中的感触，况且寿命长短，听凭造化，最后归结于穷尽。古人说："死生毕竟是件大事啊。"怎么能不让人悲痛呢！

每当看到前人所发感慨的原因，像符契那样相和一致，总难免要在读前人文章时叹息哀伤，不能明白于心。本来知道把生死等同的说法是不真实的，把长寿和短命等同起来的说法是妄造的。后人看待今人，也就像今人看待前人，可悲呀！所以要一个一个记下当时与会的人，抄录下他们所作的诗篇。纵使时代变了，事情不同了，但触发人们情怀的原因，他们的思想情趣是一样的。后世的读者，也将对这次集会的诗文有所感慨。

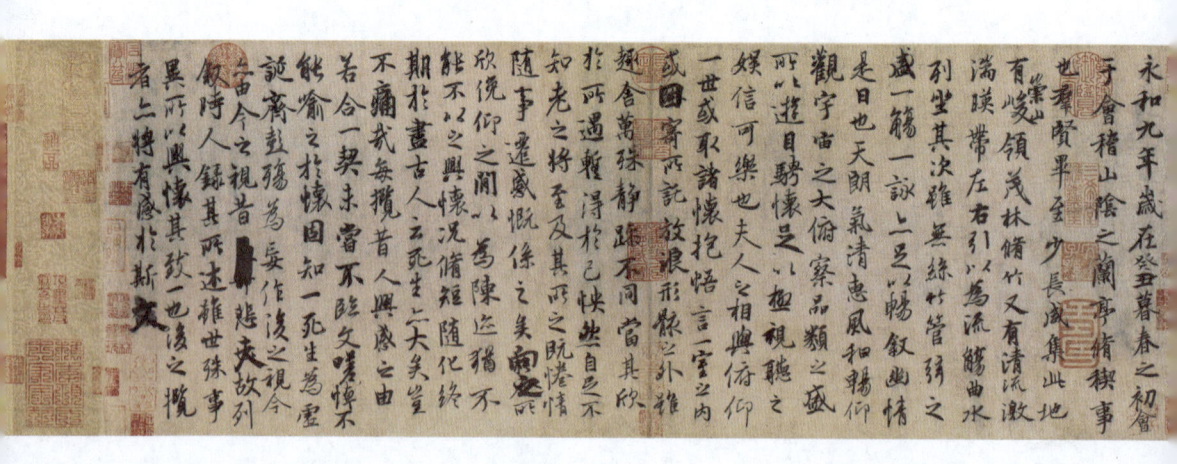

欣赏文言之美

《兰亭集序》作为书法名迹，在中国书法史上的地位自不待言，而作为文学史上的散文佳作，《兰亭集序》更是以其优美的文笔、精辟的议论，为后世呈现了魏晋风流的真实面貌，每每读来，令人神往。

全文共四段。第一、二段记叙当时名士兰亭聚会的盛况，在幽美的自然风光中，名士们开怀畅饮，对景赋诗。文章第三段笔锋一转，不去写当时诸人诗歌的精彩，而是阐述对人生的看法。王羲之感慨人生短暂，盛事不常，紧承上文名士饮酒赋诗之乐，引发种种感慨。文章最后一段则交代了写下这篇序的缘由。承接上文"死生亦大矣"，从亲身感受谈起，指出"昔人兴感之由"和自己的兴感之由完全一致，所以才有了"未尝不临文嗟悼"的情愫，但又说不清其中缘故。末尾一句交代了写序的目的，以此引起后人的感怀。收束得直截了当，而其中情思却绵绵不绝。

本文疏朗简净，韵味深长，突出了王羲之的散文风格。造语玲珑剔透，朗朗上口，是骈散结合的典范。在句法上，文章对仗整齐，意趣盎然，如"群贤毕至，少长咸集""仰观宇庙之大，俯察品类之盛"等两两相对，音韵和谐。议论部分的文字简洁精练，富有表现力。用典点到为止，不事藻华，与当时流行的雕章琢句、华而不实的文风形成鲜明对照。

读懂 小古文 爱上 大语文

陶渊明：日耽田园趣，自谓羲皇人

陶渊明（约365—427），字元亮，晚年更名潜，字渊明。别号五柳先生，私谥靖节，世称靖节先生。浔阳柴桑（今江西九江）人。东晋末到刘宋初杰出的诗人、文学家、辞赋家、散文家。被誉为"古今隐逸诗人之宗""田园诗派之鼻祖"。东晋大司马陶侃曾孙。祖父曾担任武昌郡守，自曾祖至其父均出仕晋朝，陶渊明自己也曾担任过高官，曾担任江州祭酒、镇军参军、建威参军，在叔父晋安郡太守陶夔的协助下担任了彭泽县令，因厌恶当时的政治，仅做了八十多天就辞官归隐，隐居不仕。

420年，刘裕篡晋之后，隐居的陶渊明以隐喻的手法写下了《桃花源记》，来表达对时政的不满。进入刘宋之后，陶渊明贫病加剧，江州刺史檀道济曾劝他弃隐出仕，但他不受馈赠，不为所动，保持了隐居求志、不食周粟的风范。正如他诗中所写："历览千载书，时时见遗烈。高操非所攀，谬得固穷节。"

陶渊明流传至今的作品有诗歌120余首，散文、赋若干篇。其诗歌表现出了藐视权贵、遗世独立的气节，朴实自然的诗风对后世影响很大。其作品个性分明，情感真挚，平淡朴实，不大用典，简洁含蓄，富有意境和哲理。梁代昭明太子萧统对陶渊明推崇备至："其文章不群，词采精拔，跌宕昭彰，独超众类。抑扬爽朗，莫之与京。"钟嵘的《诗品》虽把陶渊明列为中品，却推之为古今隐逸诗人之宗，后世对陶诗评价亦甚高。

桃花源记

[东晋] 陶渊明

小·档案

出　处：《陶渊明集》。
名　句：芳草鲜美，落英缤纷。
　　　　阡陌交通，鸡犬相闻。
　　　　不知有汉，无论魏、晋。
文　体：散文。

晋太元①中，武陵②人捕鱼为业③。缘④溪行⑤，忘路之远近⑥。忽逢⑦桃花林，夹岸⑧数百步，中无杂⑨树，芳草鲜美⑩，落英⑪缤纷⑫。渔人甚异之⑬，复⑭前行，欲穷⑮其林。

【注释】①[太元]东晋孝武帝司马曜的年号（376—396）。②[武陵]郡名，今湖南常德一带。③[为业]把……作为职业。④[缘]顺着，沿着。⑤[行]行走。这里指划船。⑥[远近]仅指远。⑦[忽逢]忽然遇到。⑧[夹岸]两岸。⑨[杂]别的，其他的。⑩[鲜美]新鲜美好。⑪[落英]落花。⑫[缤纷]繁多的样子。⑬[异之]以之为异，即对此感到诧异。⑭[复]又，再。⑮[穷]尽。

林尽水源，便得一山，山有小口，仿佛若有光。便舍①船，从口入。初②极狭，才通人。复行数十步，豁然③开朗。土地平旷④，屋舍俨（yǎn）然⑤，有良田、美池、桑竹之属。阡陌⑥交通，鸡犬相闻。其中往来种作，男女衣着，悉如外人。黄发垂髫（tiáo）⑦，并怡然⑧自乐。

【注释】①[舍]舍弃，丢弃。②[初]起初，刚开始。③[豁然]形容开阔敞亮的样子。④[平旷]平坦宽阔。⑤[俨然]整齐的样子。⑥[阡陌]田间纵横交错的小路。⑦[黄发垂髫]老人和小孩。⑧[怡然]愉快、高兴的样子。

见渔人，乃大惊，问所从来。具①答之。便要②还家，设酒杀鸡作食。村中闻有此人，咸③来问讯。自云先世避秦时乱，率妻子④邑人来此绝境，不复出焉，遂与外人间隔⑤。问今是何世，乃不知有汉，无论⑥魏晋。此人一一为具言所闻，皆叹惋（wǎn）⑦。余人各复延至⑧其家，皆出酒食。停数日，辞去。此中人语云："不足⑨为外人道也。"

【注释】①[具]通"俱"，全，详细。②[要]同"邀"，邀请。③[咸]都，全。④[妻子]指妻室子女。⑤[间隔]隔断，隔绝。⑥[无论]更不要说。⑦[叹惋]感叹，惋惜。⑧[延至]邀请到。⑨[不足]不必，不值得。

既出，得其船，便扶向路①，处处志②之。及郡下，诣（yì）③太守，说如此。太守即遣人随其往，寻向所志，遂迷，不复得路。

【注释】①[便扶向路]就顺着旧的路（回去）。②[志]标记。③[诣]拜访。

南阳刘子骥，高尚①士也，闻之，欣然规②往。未果，寻③病终。后遂无问津④者。

【注释】①[高尚]品德高尚。②[规]计划。③[寻]随即，不久。④[问津]问路，这里是访求、探求的意思。

译文

东晋太元年间，武陵郡有个人以打鱼为生。一天，他顺着溪水行船，忘记走了多远。忽然遇到一片桃花林，生长在溪水的两岸，长达几百步，中间没有别的树，散发着清香的草鲜嫩美丽，落花纷纷地飘落在地上。渔人对此（眼前的景色）感到十分诧异，继续往前行船，想走到林子的尽头。

桃林的尽头就是溪水的发源地，在那里出现了一座山，山上有个小洞口，洞里仿佛有点光亮。于是他下了船，从洞口进去了。起初洞口很狭窄，仅容一人通过。又走了几十步，突然变得开阔明亮了。（呈现在他眼前的是）

一片平坦宽广的土地，一排排整齐的房舍，还有肥沃的田地、美丽的池沼和桑树、竹林之类的。田间小路交错相通，鸡鸣狗叫到处可以听到。人们在田野里来来往往耕种劳作，男女的穿戴都和外面的人不一样。老人和小孩们个个都安适愉快，自得其乐。

村里的人看到渔人，感到非常惊讶，问他是从哪儿来的。渔人详细地做了回答。村里有人邀请他到自己家里去（做客），设酒杀鸡做饭来款待他。村里的人听说来了这么一个人，就都来打听消息。他们自己说他们的祖先为了躲避秦时的战乱，领着妻子儿女和乡邻来到这个与世隔绝的地方，不再出去，因而跟外面的人断绝了来往。他们问渔人现在是什么朝代，他们竟然不知道有过汉朝，更不必说魏、晋两朝了。渔人把自己知道的事一一详尽地告诉了他们，听完以后，他们都感叹惋惜。其余的人各自又把渔人请到自己家中，都拿出酒饭来款待他。渔人停留了几天，向村里人告辞离开。村里的人对他说："我们这个地方不值得对外面的人说啊！"

渔人出来以后，找到了他的船，就顺着原路回去，沿途处处都做了标记。到了郡城，去拜见太守，报告了这番经历。太守立即派人跟着他去，寻找以前所做的标记，结果却迷失了方向，再也找不到通往桃花源的路了。

南阳人刘子骥是个志向高洁的隐士，听到这件事后，高兴地计划前往。但没有去成，不久因病去世了。此后就再也没有去探寻桃花源的人了。

欣赏文言之美

陶渊明的《桃花源记》描写了一个"乌托邦"式的人间仙境。他通过对桃花源里人们安乐祥和、平静舒适的生活的描绘，表达了对东晋末年战争不断、人民流离失所的不满和对美好生活的追求。

陶渊明借渔人的经历，借其耳目描绘桃源盛景。行文上采用虚景实写

读懂 小古文 爱上 大语文

的手法，自然而然就会让人感受到这样的桃花源是真实存在的。桃花源中一切都是那么安乐祥和，平静自然，没有赋税的负担，没有战乱的伤害。而造就这一切的原因就是"乃不知有汉，无论魏晋"，其隐含的意思是没有为了私利而相互攻伐的统治集团。《桃花源记》的艺术成就和魅力正是

由于对现实的严重不满，那么想象中的世界就会更富有吸引力。

陶渊明的这篇散文，语言生动隽永，不以辞藻华丽取胜。以平易近人的描述，简洁明净的笔触，恰如其分地表现出桃花源的氛围，使文章具有更为丰富的感染力。

锦绣文章的华丽风行：两汉魏晋南北朝古文

五柳先生传

[东晋] 陶渊明

小·档案

出　　处：《陶渊明集》。
名　　句：好读书，不求甚解；每有会意，便欣然忘食。
　　　　　不戚戚于贫贱，不汲汲于富贵。
文　　体：传记。

先生不知何许人也，亦不详其姓字。宅边有五柳树，因以为号焉。闲静少言，不慕荣利。好读书，不求甚解①；每有会意②，便欣然③忘食。性嗜酒，家贫不能常得。亲旧④知其如此，或置酒而招之。造饮辄尽⑤，期⑥在必醉；既醉而退，曾不吝情⑦去留。环堵萧然⑧，不蔽风日，短褐穿结⑨，箪瓢屡空⑩，晏如⑪也。常著文章自娱，颇示己志。忘怀得失，以此自终。

【注释】①[不求甚解]这里指读书只求领会要旨，不在一字一句的解释上过分探究。②[会意]指对书中的含义有所体会。③[欣然]高兴的样子。④[亲旧]亲戚朋友。

⑤[造饮辄尽]去喝酒就喝个尽兴。⑥[期]期望。⑦[吝情]舍不得。⑧[环堵萧然]简陋的居室里空空荡荡。⑨[短褐穿结]粗布短衣上打着补丁。⑩[箪瓢屡空]形容贫困，难以吃饱。箪，盛饭的竹器。⑪[晏如]安然自若的样子。

赞①曰：黔（qián）娄②之妻有言："不戚戚③于贫贱，不汲汲④于富贵。"其言兹若人之俦（chóu）⑤乎？衔觞（shāng）⑥赋诗，以乐其志⑦，无怀氏⑧之民欤？葛天氏之民欤？

【注释】①[赞]传记结尾的评论性文字。②[黔娄]战国时齐国有名的隐士和学者。③[戚戚]忧愁的样子。④[汲汲]极力营求、心情急切的样子。⑤[俦]辈，同类。⑥[觞]酒杯。⑦[以乐其志]为自己抱定的志向感到快乐。⑧[无怀氏]传说中的上古帝王，下文"葛天氏"亦是传说中的古代帝王。

译文

不知道五柳先生是什么地方的人，也不清楚他的姓名和字号。因为住宅旁边有五棵柳树，就把"五柳"作为号了。他安安静静，很少说话，也不羡慕荣华利禄。他喜欢读书，不在一字一句的解释上过分深究；每当对书中的内容有所领会的时候，就会高兴得连饭也忘了吃。他生性喜爱喝酒，可惜家里穷，经常没有酒喝。亲戚朋友知道他这种境况，有时摆了酒席叫

他去喝。他去喝酒就喝个尽兴，希望一定喝醉；喝醉了就回家，从不拘泥于去还是留。简陋的居室里空空荡荡，遮挡不住严寒和烈日，粗布短衣上打满了补丁，盛饭的篮子和饮水的水瓢里经常是空的，可是他还是安然自得。常常写文章来自娱自乐，也稍微透露出他的志趣。他从不把得失放在心上，并坚守这个原则过完自己的一生。

赞语说：黔娄的妻子曾经说过："不为贫贱而忧愁，不热衷于发财做官。"这话大概说的是五柳先生这一类人吧？一边喝酒一边作诗，因为自己抱定的志向而感到无比的快乐。不知道他是无怀氏时代的人呢？还是葛天氏时代的人呢？

欣赏文言之美

全文第一部分可分为四节，第一节交代了"五柳先生"号的由来，开篇点题。文章一开头，就把这位先生的隐士身份暗示了出来。第二节则突出了五柳先生的秉性志趣，"好读书"，自得其乐，不慕荣利，乐道安命。第三节则是强调了五柳先生嗜酒的特征，坦率真纯，毫无虚伪矫情的俗病。第四节虽写先生之贫，却突出了先生安贫乐道的性格，又与前文照应，耐人寻味。第二部分模仿史家赞语，以"不戚戚于贫贱，不汲汲于富贵"来点明主题，表现五柳先生的人格魅力。

此文在艺术上也颇具特色。首先，立意新奇，剪裁得当。作为自况之作，目的是托空寄意。开头说："先生不知何许人也，亦不知其姓字。宅边有五柳树，因以为号焉"，立意新颖，诙谐有趣。最后用"无怀氏之民欤？葛天氏之民欤？"两个问句结尾，含蓄蕴藉，余味无穷。全文围绕"不慕荣利"这一主题，写了读书、饮酒、安贫、著文四件事，详略得当，落笔有致。

《世说新语》：魏晋风流的忠实记录

作为魏晋南北朝时期笔记小说的代表作，《世说新语》为后人研究魏晋风流留下了珍贵的资料。其编撰者是南朝宋武帝刘裕的侄子刘义庆。刘义庆（403—444），字季伯，其父为长沙景王刘道怜。刘义庆自幼才华出众，聪明过人，尤其爱好文学。13岁时，受封为南郡公，后来过继给了叔父临川王刘道规，袭封临川王，深得宋武帝、宋文帝的信任，备受礼遇。刘义庆虽然贵为亲王，位极人臣，但是在当时的政治环境下，刘义庆对政治并不热衷，其政绩也是乏善可陈。为了避免卷入刘宋皇室的权力斗争，刘义庆自请外任以避祸。38岁开始召集门下文士编撰《世说新语》，三年之后因病去世。除《世说新语》外，刘义庆还编撰了《徐州先贤传》《江左名士传》等书。

《世说新语》共计三卷，分为三十六门，全书共计一千多则，每则文字长短不一，有的有数行之多，有的则只是三言两语。书中涉及的人物，据统计有1500多个，基本上囊括了从东汉末年到南朝初期的著名人物和世家子弟，尤其以魏晋两朝为多。书中的人物无论是帝王将相，还是隐士僧侣，千人千面，各具特色。人物的描写上有的重在形貌，有的重在才学，有的重在心理，但均集中在一点上，那就是突出表现人物特点，只寥寥数语，人物便显得气韵生动，活灵活现，跃然纸上。

正如明人胡应麟所说："读其语言，晋人面目气韵，恍惚生动，而简约玄澹，真致不穷。"许多人们耳熟能详的成语，都是出自这本书，如难兄难弟、拾人牙慧、咄咄怪事、一往情深、卿卿我我等。不仅如此，本书还留下了大量的典故，为后世文学提供了充足的养分，同时也带动了后世笔记小说的发展，并出现了"世说体"这一笔记小说类型。鲁迅先生称赞《世说新语》"记言则玄远冷隽，记行则高简瑰奇"。

王戎不取道旁李

[南朝宋]《世说新语》

小·档案

出　　处：《世说新语·雅量》。
人　　物：王戎。
文　　体：笔记小说。

　　王戎①七岁，尝②与诸小儿游③。看道边李树多子折枝④，诸儿竞走取之，唯戎不动。人问之，答曰："树在道边而多子，此必苦李。"取之，信然⑤。

【注释】①［王戎］西晋琅琊（今属山东）人，自幼聪明过人，为"竹林七贤"之一，官至司徒。②［尝］曾经。③［游］嬉戏玩耍。④［折枝］压弯树枝。⑤［信然］确实如此。

译文

　　王戎七岁的时候，曾经和许多小孩一起玩耍。他们看见路边李树上果实累累，压得树枝都弯下去了，许多孩子都争先恐后地奔过去摘李子，只有王戎站着不动。有人问他为什么不去摘李子，王戎回答说："李树在路边竟然还有这么多李子，这一定是苦李子。"摘来一尝，的确如此。

欣赏文言之美

《王戎不取道旁李》的语言精练含蓄，简短几个字，就将人物形象生动刻画出来，有跃然纸上之感。

"王戎七岁，尝与诸小儿游"——点明故事的起因。这句话是说王戎七岁时，曾经和很多孩子一起玩耍。从"游"字我们可以想象孩子们从容玩耍的场景，或打闹、或嬉戏，我们仿佛也能听到这些孩童快乐的笑声，看到他们欢快奔跑的场景。孩子们在玩的过程中，突然发现路边李子树果实累累，压弯了树枝，于是驻足停下，折枝尝果。"诸儿竞走取之，唯戎不动"，这两句话，分别有一个明显的对比。一边是孩子们边抢边跑，此为动。孩子们想要吃到诱人的李子，这符合孩子天真单纯的品性。与这群孩子形成鲜明对比的是故事的主人公王戎。他站在一旁不动，此为静。人物行为上的动静造成了强烈反差，引导读者思考王戎不动的缘由。"人问之，答曰：'树在道边而多子，此必苦李。'"故事读到这里，读者才恍然大悟，豁然开朗。七岁孩童的话可信吗？路人也怀疑，于是便有了下文的环节，故事一环扣一环，推进发展，读者也跟着文字一路读下去，探究故事结局，李子是苦是甜，七岁小儿的话可信与否，尝了才知道，一起往下看！"取之，信然。"故事到此结束，但是读者仍然意犹未尽，不禁要想，后来人们是怎样评价王戎的呢？故事最后进行了留白，为读者留下想象空间。

锦绣文章的华丽风行：两汉魏晋南北朝古文

咏雪

[南朝宋]《世说新语》

小档案

出　　处：《世说新语·言语》。
人　　物：谢安，谢道韫。
名　　句：未若柳絮因风起。
文　　体：笔记小说。

谢太傅①寒雪日内集②，与儿女③讲论文义④。俄而⑤雪骤，公欣然曰："白雪纷纷何所似⑥？"兄子胡儿⑦曰："撒盐空中差可拟⑧。"兄女曰："未若⑨柳絮因⑩风起。"公大笑乐。即公大兄无奕女⑪，左将军王凝之⑫妻也。

【注释】①[谢太傅]即谢安（320－385），字安石，晋朝陈郡阳夏（今河南太康）人。做过吴兴太守、侍中、吏部尚书、中护军等官职。死后追赠为太傅。②[内集]家庭聚会。③[儿女]子女，子侄辈。④[讲论文义]谈论文章的义理。⑤[俄而]不久，不一会儿。⑥[何所似]像什么。⑦[胡儿]即谢朗，字长度，谢安哥哥的长子。做过东阳太守。⑧[差可拟]差不多可以相比。差，大体，差不多。⑨[未若]不如。⑩[因]趁，乘。⑪[无奕女]指谢道韫（yùn），东晋有名的才女，以聪明有才著称。无奕，指谢安长兄谢奕，字无奕。⑫[王凝之]字叔平，大书法家王羲之的第二个儿子，做过江州刺史、左将军、会稽内史等。

译文

一个寒冷的雪天，谢安把家里人聚集在一起，跟子侄辈谈论文章的义理。不久，雪下得又急又大，谢安高兴地说："白雪纷纷扬扬的像什么呢？"他哥哥的儿子胡儿说："跟把盐撒在空中大体可以相比。"他哥哥的女儿道韫说："不如比作柳絮乘风而起。"谢安高兴得笑了起来。谢道韫是谢安长兄谢无奕的女儿，左将军王凝之的妻子。

欣赏文言之美

《咏雪》选自《世说新语·言语》，本篇讲述了东晋太傅谢安和自己的侄子、侄女在下雪天家庭聚会、"讲论文义"的情形。谢安家族作为东晋世族的代表，人才辈出，因此《世说新语》中有大量关于谢安的故事，这就是其中之一。

文章一开篇就交代了故事发生的背景，谢安和子侄们在一个寒冷的冬天聚会，一起讨论文章义理。在这样的日子里聚会，自然显得其乐融融。一会儿雪越下越大，家庭聚会讨论的主题就转移到了雪上。谢安提出问题的时候，文中用了"欣然"二字，一是说明这种聚会让谢安感到高兴，二是看到雪也有了一种兴奋感。面对谢安的问题，文中只记载了谢朗和谢道韫的答案，或许还有别人的，但是被忽略了。谢朗说："撒盐空中差可拟。"谢道韫说："未若柳絮因风起。"而作为发问者的谢安并没有对优劣做出评判，仅仅是"大笑乐"而已，这种做法很耐人寻味。文末却又点出了谢道韫的身份，这其实就是一种暗示，表明作者是欣赏谢道韫的才气的，不做直接评价而读者自然而然会赞赏谢道韫的"咏絮才"。

文章很短，为读者留下了广阔的想象空间，让读者能够设身处地地作为评判者做出判断，足见本文的高妙之处。

陈太丘与友期行

[南朝宋]《世说新语》

小档案

出　　处：《世说新语·方正》。
人　　物：陈太丘，陈纪。
名　　句：日中不至，则是无信；对子骂父，则是无礼。
文　　体：笔记小说。

　　陈太丘①与友期行②，期日中③。过中不至，太丘舍④去，去后乃至。元方⑤时年七岁，门外戏⑥。客问元方："尊君在不⑦？"答曰："待君久不至，已去。"友人便怒曰："非人哉⑧！与人期行，相委⑨而去。"元方曰："君与家君⑩期日中。日中不至，则是无信；对子骂父，则是无礼。"友人惭，下车引⑪之。元方入门不顾⑫。

【注释】①［陈太丘］即陈寔（shí），字仲弓，东汉颍川许县（今河南许昌）人，做过太丘县令。太丘，县名，在今河南永城。②［期行］相约同行。期，约定。③［期日中］约定的时间是中午。④［舍］舍弃。⑤［元方］即陈纪，字元方，陈寔的长子。⑥［戏］玩耍。⑦［尊君］对别人父亲的尊称。［不］同"否"，句末语气词，表询问。⑧［非人哉］不是人啊。⑨［委］丢下，舍弃。⑩［家君］谦辞，对人称自己的父亲。⑪［引］拉。⑫［顾］回头看。

译文

　　陈太丘和朋友相约出行，约定在中午。过了中午还没到，陈太丘不再等候就离开了，离开后朋友才到。元方当时年七岁，在门外玩耍。朋友问元方:"你的父亲在吗?"元方回答道:"等了您很久您却还没有到,现在已经离开了。"朋友便生气地说道:"真不是人啊!和别人相约出行,却丢下别人自己走。"元方说:"您与我父亲约在中午。中午您没到,这是不讲信用的表现;对孩子骂他父亲,这是没礼貌的表现。"朋友惭愧,下车去拉元方,元方头也不回地走进了大门。

欣赏文言之美

《陈太丘与友期行》全文仅有103个字,虽然很短,却讲述了一个关于守信的完整故事。文中仅出现了三个人物,即陈太丘、太丘友人和陈元方。通过文中人物的活动和语言,很容易看出人物为人处世的方式和性格特征。如此简短的文字,却内容丰富,可谓言简意赅。

本文的中心思想,主要是通过人物的语言来表现的。即便是语言,也很简短,却能紧扣文章中心,揭示人物性格。陈太丘仅仅在开篇出现,作为汉末名士,陈太丘可谓人伦典范。与人相约而友人未至,陈太丘只能离去,说明陈太丘本身就是一个准时守约、个性鲜明的人。有其父必有其子,下文陈元方的表现就顺理成章了。面对友人的责难和对陈太丘的非议,陈元方虽然只有七岁,却表现得超乎常人。"日中不至,则是无信;对子骂父,则是无礼",这16个字掷地有声,字字诛心。陈太丘的行事风格对于其子陈元方来说,绝对是言传身教。《世说新语》把这个故事放在了《方正》篇中,不是没有缘故的。

杨氏之子

[南朝宋]《世说新语》

小·档案

出　处：《世说新语·言语》。
人　物：孔君平，杨氏子。
名　句：未闻孔雀是夫子家禽。
文　体：笔记小说。

梁国杨氏①子九岁，甚聪惠②。孔君平③诣④其父，父不在，乃呼儿出。为设⑤果，果有杨梅。孔指以示儿曰："此是君家果。"儿应声答曰："未闻孔雀是夫子⑥家禽。"

【注释】①[氏]姓氏，表示家族的姓。②[惠]同"慧"，智慧的意思。③[孔君平]即孔坦，字君平，佐王导平苏峻，官至侍中，成帝时因忤王导出为廷尉，人称"孔廷尉"。④[诣]拜访，拜见。⑤[设]摆放，摆设。⑥[夫子]古时对男子的敬称。

译文

梁国有一户姓杨的人家里有一个九岁的儿子,非常聪明。有一天,孔君平来拜见他的父亲,恰巧他的父亲不在家,孔君平就把这个孩子叫了出来。孩子给孔君平端来了水果,水果中有杨梅。孔君平指着杨梅给孩子看,说:"这是你家的水果。"孩子马上回答:"我可没听说过孔雀是先生您家的鸟。"

欣赏文言之美

在《世说新语·言语》篇中,记载大多是辞藻华丽、谈吐不凡、语言辩给的故事和人物,这些故事和人物为后人提供了丰富的文学素材。本文就是《言语》篇中语言辩给的一个代表。

本文很短,人物只有两个,即九岁的杨氏子和孔君平。文章一开始,对杨氏子的描述仅仅是"九岁,甚聪惠"。那么这个孩子的聪慧表现在哪里呢,下文随即有了交代。孔君平的出场直接是去拜访他的父亲的,正因为其父不在,才有了表现杨氏子聪慧的可能。孔君平看到招待客人的杨梅,便有了戏弄之意,因此说出了"此是君家果"的戏语,来检验这个孩子的反应程度。孰料这个孩子不假思索便说出了:"未闻孔雀是夫子家禽。"孔君平以姓为戏,杨氏子以孔君平之姓为对,以子之矛攻子之盾,可谓旗鼓相当。文中并没有写出孔君平听到这句话的反应,想必也是莞尔一笑。

此文的高妙之处就在于表现杨氏子思维敏捷,言语精练。无论是谁读到这个故事,想必都会为杨氏子的表现发出由衷的赞叹。

锦绣文章的华丽风行:两汉魏晋南北朝古文

小时了了

[南朝宋]《世说新语》

小·档案

出　处：《世说新语·言语》。
人　物：孔融，李膺，陈韪。
名　句：小时了了，大未必佳。
文　体：笔记小说。

孔文举年十岁，随父到洛。时李元礼①有盛名，为司隶校尉，诣②门者，皆俊才清称③及中表④亲戚乃通⑤。文举至门，谓吏曰："我是李府君⑥亲。"既通，前坐。元礼问曰："君与仆⑦有何亲？"对曰："昔先君⑧仲尼与君先人伯阳⑨有师资⑩之尊，是仆与君奕世⑪为通好也。"元礼及宾客莫不奇之。太中大夫陈韪（wěi）后至，人以其语语之。韪曰："小时了了（liǎo liǎo）⑫，大未必佳。"文举曰："想君小时，必当了了。"韪大⑬踧踖（cù jí）⑭。

【注释】①[李元礼]即李膺,字元礼,颍川郡襄城县(今河南襄城)人。东汉时期名士、官员。②[诣]前往,到。③[清称]有名誉。④[中表]古代称父亲姐妹的儿女为"外",母亲兄弟姐妹的儿女为"内",外为表,内为中,合称中表。⑤[通]通报。⑥[府君]李膺曾任河南尹,故称"府君"。⑦[仆]我,谦称。⑧[先君]对死去的祖先的尊称,孔融是孔子的后代,因此说"先君仲尼"。⑨[伯阳]即老子,姓李,名耳,字伯阳。⑩[师资]师徒,这里指当年孔子问礼于老子。⑪[奕世]代代。⑫[小时了了]小时聪明。了了,聪慧。⑬[大]非常。⑭[踧踖]局促不安的样子。

译文

　　孔融十岁的时候,跟随父亲到洛阳。那时李膺名气很大,担任司隶校尉的职务。到他家去的,只有才智出众、有名誉的人以及自己的亲戚才能得到通报。孔融到了他家门前,对看门的官吏说:"我是李膺的亲戚。"通报了以后,上前坐下来。李膺问:"您和我有什么亲戚关系?"孔融回答说:"从前我的祖先孔子曾经拜您的祖先老子为师,所以我和您是世代通好。"李膺和他的那些宾客没有不对他的话感到惊奇的。太中大夫陈韪后来才到,别人就把孔融说的话告诉他。陈韪说:"小的时候很聪明,长大了未必很有才华。"孔融说:"我猜想您小的时候一定很聪明吧。"陈韪听了非常局促不安。

读懂 小古文 爱上 大语文

欣赏文言之美

在中国历史上,孔融的名气很大,小孩子都知道孔融让梨的故事。在《世说新语》中也记录了好多关于孔融的故事,比如著名的"覆巢之下,焉有完卵"。而本文讲述的孔融的故事,依然和他小时候有关。故事很短,却从两个层面突出了孔融少时机智过人,能言善辩。

李膺作为一代名士,居家自然是高士盈门。而孔融前去拜访却险些吃了闭门羹。但是他以李膺的亲戚相称,轻松进入李府。而当李膺问起两个人之间的关系时,他以孔子和老子的关系来回答,可谓语惊四座。故事讲到这里并没有戛然而止,正是有了前文的铺垫,才让孔融和陈韪的对话顺理成章。尤其是以子之矛攻子之盾的手法,让陈韪感到十分尴尬,而孔融过人的才智和随机应变的能力更是展现得淋漓尽致。

王子猷雪夜访戴

[南朝宋]《世说新语》

小档案

出　　处：《世说新语·任诞》。
人　　物：王徽之。
名　　句：吾本乘兴而来，兴尽而返，何必见戴。
文　　体：笔记小说。

王子猷①居山阴②，夜大雪，眠觉③，开室命酌酒，四望皎然④。因⑤起彷徨。咏左思⑥《招隐诗》，忽忆戴安道⑦。时戴在剡（shàn）⑧，即便夜乘小船就⑨之。经宿方至⑩，造门⑪不前而返。人问其故⑫，王曰："吾本乘兴而行，兴尽而返，何必见戴！"

【注释】①[王子猷]名徽之，字子猷。晋代大书法家王羲之的儿子。②[山阴]今浙江绍兴。③[眠觉]睡醒。④[皎然]洁白光明的样子。⑤[因]于是。⑥[左思]西晋文学家，字泰冲。⑦[戴安道]即戴逵，安道是他的字。谯郡（今安徽北部）人。学问广博，隐居不仕。⑧[剡]指剡县，古县名，治所在今浙江嵊州。⑨[就]接近，去。⑩[经宿方至]经过一宿的工夫才到达。⑪[造门]到了门前。⑫[故]原因。

锦绣文章的华丽风行：两汉魏晋南北朝古文

读懂 小古文 爱上 大语文

译文

王子猷居住在山阴，一次夜里大雪纷飞，他一觉醒来，打开房门，命令仆人上酒，四处望去，一片洁白银亮。于是起身徘徊，吟诵着左思的《招隐诗》，忽然间想到了戴逵。当时戴逵远在曹娥江上游的剡县，王子猷即刻连夜乘小船前往。经过一夜才到，到了戴逵家门前却又转身返回。有人问他为何这样，王子猷说："我本来是乘着兴致前往，兴致已尽，自然返回，为何一定要见戴逵呢？"

欣赏文言之美

《世说新语·任诞》篇中记载的基本上都是当时名士放浪形骸、任性旷达的故事，《王子猷雪夜访戴》就是其中的代表。故事通过写王子猷雪夜访戴安道，造门不进，兴尽而返的故事，体现了王子猷率性天真、特立独行的个性。王子猷作为王羲之的儿子，是当时名士中性格比较独特的。整个故事中他只重视过程，不拘泥于结果，一个"兴"字将他的个性表现得淋漓尽致，同时反映了当时世族名士任性放达的精神风貌。王子猷这种惊俗行为，体现了当时名士所崇尚的任诞放浪、不拘形迹，有窥一斑而见全豹之效果。

文章语言隽永，以简洁的笔墨刻画人物，如绘画中白描手法，不施丹青而精神全出。全文仅百余字，却曲折辗转。眠觉、命酒、赏雪、咏诗、乘船、突返、答问，一连串的动态细节描写得恰到好处，虽言简文约，却形神毕现。

陶弘景：山中宰相，道教宗师

陶弘景（456—536），字通明，自号华阳隐居，谥号贞白先生，丹阳秣陵（今江苏南京）人。南朝道士、医学家、文学家。陶弘景10岁读《神仙传》，有养生之志，15岁作《寻山志》，倾慕隐逸生活。20岁时齐高帝萧道成引为诸王侍读，后拜左卫殿中将军。30岁左右，拜道士孙游岳为师，受符图、经法、诰诀，遂遍游名山，寻访仙药真经。南齐永明六年（488），在茅山得到杨羲、许谧手书真迹。永明八年（490）东行，拜谒各地居士和法师。永明十年（492），辞去朝廷食禄，隐居句容句曲山（今江苏茅山），开道教茅山宗。梁武帝即位后，多次派使者礼聘，坚不出山。朝廷每有大事，常往咨询，平时书信往来频繁，当时人称为"山中宰相"。

陶弘景继承老庄哲理和葛洪的仙学思想，糅合道、佛二教观念，主张道、儒、释三教合流，认为"百法纷凑，无越三教之境"。继陆修静之后，进一步整理道教经书，颇有贡献。他还整理《神农本草经》，增收魏晋间名医所用的新药，编成《本草经集注》七卷，共记载有药物七百余种。其著作很多，除上面提到的以外，还有《真诰》《登真隐诀》《养性延命录》《集金丹黄白方》《药总诀》《华阳陶隐居集》等。

陶弘景博学多才，琴棋书画无一不精，他所写的《水仙赋》，沈约认为其文深不可测。所写《寻山志》叙述脱离世俗、寄情山水的意志，在当时深受赞叹。隐居期间，他曾作诗寄给齐高帝，诗中写道："山中何所有，岭上多白云。只可自怡悦，不堪持赠君。"表达了自己对山水美景的迷恋。在经学方面，陶弘景保持了东汉经学家的风格，曾经对《诗经》《论语》《孝经》进行过注释。可以说，陶弘景是中国历史上少有的在文学、史学、经学和医学方面都颇有建树的人物。

答谢中书书①

[南朝] 陶弘景

小·档案

出　　处：《全梁文》。
名　　句：高峰入云，清流见底。
　　　　　晓雾将歇，猿鸟乱鸣；夕日欲颓，沉
　　　　　鳞竞跃。
文　　体：书信。

　　山川②之美，古来共谈③。高峰入云，清流见底。两岸石壁，五色交辉④。青林⑤翠竹，四时俱⑥备。晓雾将歇⑦，猿鸟乱⑧鸣；夕日欲颓⑨，沉鳞⑩竞跃。实是欲界之仙都⑪。自康乐⑫以来，未复有能与其奇者。

【注释】①[谢中书]即谢征，字玄度，陈郡阳夏（今河南太康）人。②[山川]山河。③[共谈]共同谈赏。④[五色交辉]这里形容石壁色彩斑斓，交相辉映。⑤[青林]青葱的树林。⑥[俱]都。⑦[歇]消散。⑧[乱]此起彼伏。⑨[颓]坠落。⑩[沉鳞]潜游在水中的鱼。⑪[欲界之仙都]即人间仙境。⑫[康乐]指南朝著名山水诗人谢灵运。

译文

　　山川景色的美丽，自古以来就是文人雅士共同欣赏赞叹的。巍峨的山峰耸入云端，明净的溪流清澈见底。两岸的石壁色彩斑斓，交相辉映。青葱的林木，翠绿的竹丛，四季常存。清晨的薄雾将要消散的时候，传来猿、鸟此起彼伏的鸣叫声；夕阳快要落山的时候，潜游在水中的鱼儿争相跳出水面。这里实在是人间的仙境啊。自从南朝的谢灵运以来，就再也没有人能够欣赏这种奇丽的景色了。

142

欣赏文言之美

《答谢中书书》是陶弘景隐居山林、心神俱畅之后所作。谢征任中书舍人的时间后限为梁武帝普通七年（526），任中书郎的时间是梁中大通四年（532），可知陶弘景在写这封信的时候已经年过古稀。从上述时间可以推断，这封信是陶弘景晚年的作品。文章很短，只有68字，却把江南山水的秀美、清丽描写得尽善尽美，是南北朝时期山水小品文中的佳作。

通过文章内容可知，本文反映的是作者娱情山水、忘怀世俗的清高思想。南北朝时期，魏晋风流早已失去了崇高地位，而社会又因为政权更替频繁，动荡不安，知识分子以隐居脱离世俗的风气很重。这些隐居之人，试图从自然中去寻求精神上的慰藉，这类作品虽然没有政治性的议论，却从山水风景中创造了一种别样的山水美学，成为后世山水田园文学的典范。

陶弘景创立茅山宗

陶弘景在茅山正式为上清道士期间，为了弘扬上清经法，撰作了大量的道书，特别是撰写了带有教派史性质的《真诰》。该书对上清经的传授历史做了系统的叙述，对上清经的来源、出世作了种种神化的描写。由于陶弘景在茅山期间主要传授上清经法，并对上清经法的弘扬做了不少工作，加上他本人的名气很大，甚至在朝野中有很多信仰者，所以从他开始，茅山实际上成了上清派的中心。从陶弘景开始，茅山实际上代表了上清派，于是人们便将这之后的上清派径称为茅山宗，并以陶弘景为茅山宗的创始人。

吴均："吴均体"创始人

吴均（469—520），字叔庠，南朝梁文学家、史学家，吴兴故鄣（今浙江安吉）人。出身贫寒，性格耿直，好学有俊才。沈约见其文，倍加称赏。梁天监二年（503），吴兴太守柳恽召为主簿，常引与赋诗。建安王萧伟趋贤重士，召吴均为记室，掌文翰；萧伟迁江州，补吴均为国侍郎，兼府城局。后柳恽又转荐吴均于梁武帝萧衍，梁武帝召之赋诗，深为赏识，任为侍诏，累升至奉朝请。

吴均通史学，在任奉朝请期间，先是上表打算编撰《齐书》，向梁武帝请求借阅宫廷收藏的《齐起居注》及《群臣行状》，武帝不许。因此私下撰写了《齐春秋》，成稿30卷。《齐春秋》中他将梁武帝称为齐朝的佐命功臣，虽然这是就事论事，但还是引起了梁武帝的不满。梁武帝以"其书不实"为名，让中书舍人刘之遴挑出了书中的问题数十条，让吴均解答。孰料吴均支支吾吾竟然答不上来。于是梁武帝下令焚毁了《齐春秋》，并罢免了吴均的官职。不久，武帝又征召吴均，命令他撰写《通史》。《通史》上起三皇，下迄齐代，吴均撰本纪、世家等内容已经完成，只有列传没能写完就因病去世。

吴均为文清拔，工于写景，尤以小品书札见长，诗亦清新，多为反映社会现实之作，为时人仿效，号称"吴均体"。《与朱元思书》以简洁而传神的文笔，描写富春江两岸清朗秀丽景色，读后如亲临其境；《与施从事书》《与顾章书》，将青山、石门山景物描绘得如诗如画、惟妙惟肖，为六朝骈文中的名著。吴均还撰写了志怪小说《续齐谐记》，此书是继南朝宋东阳无疑《齐谐记》而作，故事曲折生动，人物性格鲜明，鲁迅誉为"卓然可观"。其中《清溪神庙》《阳羡鹅笼》尤为出色。吴均诗文著作较多，惜多散佚，明人张溥编辑有《吴朝请集》。

与朱元思书

[南朝] 吴均

小档案

出　处：《艺文类聚》。

名　句：水皆缥碧，千丈见底。游鱼细石，直视无碍。
　　　　鸢飞戾天者，望峰息心；经纶世务者，窥谷忘反。

文　体：书信。

　　风烟俱净①，天山共色②。从流飘荡，任意东西。自富阳③至桐庐一百许里，奇山异水，天下独绝。

【注释】①[风烟俱净]烟雾都消散尽净。②[共色]一样的颜色。③[富阳]今浙江杭州富阳区。

　　水皆缥（piǎo）碧①，千丈见底。游鱼细石，直视无碍。急湍甚箭②，猛浪若奔③。

【注释】①[缥碧]浅青色。②[甚箭]即"甚于箭"，比箭还快。③[奔]动词活用作名词，文中指飞奔的骏马。

　　夹岸高山，皆生寒树，负势竞上①，互相轩邈（xuān miǎo）②，争高直指，千百成峰。泉水激石，泠泠③作响；好④鸟相鸣，嘤嘤成韵⑤。蝉则千转不穷，猿则百叫无绝。鸢（yuān）飞戾（lì）天⑥者，望峰息心⑦；经纶世务⑧者，窥谷忘反⑨。横柯⑩上蔽，在昼犹昏；疏条⑪交映，有时见日。

【注释】①[负势竞上]高山凭依高峻的地势，争着向上。②[轩邈]争着往高处和远处伸展。③[泠泠]拟声词，形容水声清越。④[好]美丽的。⑤[嘤嘤成韵]

145

鸣声嘤嘤，和谐动听。⑥[鸢飞戾天]出自《诗经·大雅·旱麓》。鸢鸟高飞入天。这里比喻追求名利、极力攀高的人。⑦[望峰息心]意思是看到这些雄奇的山峰，追逐名利的心就会平静下来。⑧[经纶世务]治理国家大事。⑨[窥谷忘反]看到这些幽美的山谷，就会流连忘返。⑩[横柯]横斜的树枝。⑪[疏条]稀疏的枝条。

译文

　　风和烟都消散了，天和山变成相同的颜色。（我乘着船）随着江流漂荡，随意地向东或向西漂流。从富阳到桐庐，一百里左右，奇异的山，灵异的水，天下独一无二。

　　水都是浅青色的，清澈的水千丈也可以看见底。游动的鱼儿和细小的石头，可以直接看见，毫无障碍。湍急的水流比箭还快，凶猛的巨浪就像奔腾的骏马。

　　夹江两岸的高山上，都生长着耐寒的树，高山凭依着高峻的山势，争着向上，这些高山彼此都争着往高处和远处伸展；群山竞争着高耸，笔直地向上形成了无数个山峰。泉水飞溅在山石之上，发出清悦泠泠的响声；美丽的鸟相互和鸣，鸣声嘤嘤，和谐动听。蝉儿长久地叫个不停，猿猴长时间地叫个不停。那些为名利极力追求高位的人，看到这些雄奇的高峰，追逐功名利禄的心就会平静下来；那些整天忙于政务的人，看到这些幽美的山谷，

就会流连忘返。横斜的树枝在上面遮蔽着,即使在白天,也像黄昏时那样阴暗;稀疏的枝条交相掩映,有时也可以见到阳光。

欣赏文言之美

南北朝时期的社会状况,对于大多数知识分子来说,稍有不慎就会身败名裂,因此寄情山水、放言玄览就成了知识分子的精神追求。吴均身处这样的环境,故其笔下山水具有别样的美感,而这种美感又和其细致入微的观察紧密结合。

第一段总领全文,大笔勾勒全景,如丹青圣手重笔浓墨便勾画出富春江山水之美。总写之后,是分段描绘,细致入微。第二段承接上文,写富春江之"异水"。前两句写富春江静态美,第三句又转写富春江的动态美,动静结合,富春江水的气势被完美烘托出来。第三段则写富春江两岸的"奇山"。作者不拘泥于描摹某山某景,而是以身在舟中的视角,观察山的险峻,山的奇绝,这是视觉描写。舟行水上,则泉声入耳,泠泠作响,鸟鸣、蝉响、猿啼声声入耳,而又从听觉角度描写山的幽寂。

此文词采隽永、音节和谐,洋溢着清新淡雅的诗情,明朗洒脱的画意,情景兼美,辞章俱佳,能给人以美的享受、心灵的愉悦。

郦道元：伟大的地理学家

郦道元（约470—527），字善长，范阳涿州（今河北涿州）人，北魏时期官员、地理学家、青州刺史郦范之子。早年曾任东荆州刺史，因事罢官。魏孝明帝正光四年（523），朝廷任命他为河南尹。北魏明帝孝昌元年（525），郦道元率军去彭城平定了元法僧之乱，因功进封御史中尉。由于他弹劾过汝南王元悦，在萧宝夤谋反之时，元悦趁机让朝廷派郦道元前去宣抚，不久就被杀害。

郦道元幼时博览奇书，游历秦岭、淮河以北和长城以南的广大地区，考察河道沟渠，搜集风土民情，以毕生心血撰写地理著作《水经注》，成为中国游记文学的开创者，对后世游记散文的发展影响颇大。郦道元在写《水经注》时所使用的文字新颖多变，不用陈词滥调。例如瀑布，这是自然界常见而郦注常记的事物，他绝不刻板地使用"瀑布"这个词汇，而是根据瀑布的不同形象以变化无穷的文字来进行描述，如"洪""淙""悬流""悬水""悬涛""悬泉""悬涧""悬湍""悬波""颓波""飞波""飞清""飞泉""飞流"等，让读者随时有新鲜生动之感。又如对于溪泉水流的清澈现象，他也创造了许多惟妙惟肖的语言进行描写。卷三十七《夷水注》中说："其水虚映，俯视游鱼，如乘空也。"卷三十七《澧水注》中则说："水色清澈，漏石分沙。"郦道元在《水经注》中还记述了全国所有河流及其流经区域的地理情况、建制沿革、历史事件及民间传说，为自然科学和人文科学提供了丰富的研究资料。

清代文学批评家刘熙载曾说："郦道元叙山水，峻洁层深，奄有楚辞《山鬼》《招隐士》胜境。柳州游记，此先导也。"郦道元在地理学上的贡献突出，因而被称为伟大的地理学家。

三峡

[北魏] 郦道元

小档案

出　　处：《水经注》。
名　　句：每至晴初霜旦，林寒涧肃，常有高猿长啸，属引凄异，空谷传响，哀转久绝。
文　　体：散文。

　　自三峡七百里中，两岸连山，略无阙①处。重岩叠嶂，隐天蔽日，自非亭午②夜分，不见曦（xī）月③。

【注释】①［阙］同"缺"，空隙，缺口。②［亭午］正午。③［曦月］日月。

　　至于夏水襄陵①，沿溯阻绝②。或王命③急宣，有时朝发白帝，暮到江陵，其间千二百里，虽乘奔御风④，不以疾⑤也。

【注释】①［襄陵］指水漫上山陵。②［沿溯阻绝］上行和下行的航道都被阻断，不能通航。③［王命］皇帝的命令。④［乘奔御风］这里指骑着飞奔的马和乘着风。⑤［不以疾］没有这么快。

　　春冬之时，则素湍①绿潭，回清倒影，绝𪩘（yǎn）②多生怪柏，悬泉瀑布，飞漱③其间，清荣峻茂④，良⑤多趣味。

【注释】①［素湍］激起白色浪花的急流。

锦绣文章的华丽风行：两汉魏晋南北朝古文

149

②〔绝巘〕极高的山峰。③〔飞漱〕水流飞速地往下冲荡。④〔清荣峻茂〕水清树荣，山高草盛。⑤〔良〕甚，很。

每至晴初霜旦①，林寒②涧肃③，常有高猿长啸，属（zhǔ）引④凄异⑤，空谷传响，哀转久绝。故渔者歌曰："巴东⑥三峡巫峡长，猿鸣三声泪沾裳⑦。"

【注释】①〔霜旦〕下霜的早晨，指秋季。②〔林寒〕山林中气候寒冷。③〔涧肃〕山涧清冷。④〔属引〕连绵不断。⑤〔凄异〕凄惨悲凉。⑥〔巴东〕汉郡名，在今重庆东部云阳、奉节、巫山一带。⑦〔裳〕指衣服。

译文

在七百里的三峡中，两岸都是连绵的高山，全然没有中断的地方。层层的悬崖，排排的峭壁，遮挡了天空和太阳。如果不是正午，就看不到太阳；如果不是半夜，就看不到月亮。

到了夏天江水漫上山陵，上行和下行的航路都被阻断。有时皇帝的命令要紧急传达，这时只要早晨从白帝城出发，傍晚就到了江陵，其间相距一千二百里，即使骑上飞奔的快马，驾着疾风，也不如船快。

等到春天和冬天的时候，就可以看见白色的急流回旋着清波，碧绿的潭水倒映着各种景物。极高的山峰上，大多生长着许多奇形怪状的松柏，悬泉瀑布在山峰之间飞流冲荡。水清，树荣，山峻，草盛，的确是趣味无穷。

在秋天，每到天刚放晴的时候或下霜的早晨，树林和山涧显出一片清凉和寂静，经常有猿猴在高处拉长声音鸣叫，声音持续不断，显得非常悲惨凄凉，在空荡的山谷里传来猿叫的回声，声音悲哀婉转，很久才消失。所以三峡中渔民的歌谣唱道："巴东三峡巫峡长，猿鸣三声泪沾裳。"

欣赏文言之美

本文是《水经注》中关于长江三峡的一段描写。长江三峡的独特魅力自古以来就被文人墨客所赞美欣赏,而形神兼备地描写三峡风光,郦道元是影响最为深远的一位。

全文笔墨凝练生动,寥寥数语便描绘出了三峡的雄奇险拔、清幽秀丽。郦道元善于抓住景物的特点进行描写。写三峡的山,则是连绵不断、遮天蔽日。写三峡流水,则又按照季节不同分层次描写。夏天,江水浩荡,漫上丘陵,来往的船只都被阻绝了。"春冬之时,则素湍绿潭,回清倒影。绝巘多生怪柏,悬泉瀑布,飞漱其间……"到了秋天,则"林寒涧肃,常有高猿长啸",尤其是对猿啼的描写,那凄厉的猿啼更增添了秋季三峡的肃杀之气。

郦道元写景,采用的是大笔皴染的绘画手法,一百五十余字,就把七百里三峡的万千气象囊括笔端。春冬之景,以"素""绿""清""影"几个字而境界全出;写秋景,以"寒""肃""凄""哀"几个字,便能让人感受到三峡秋季的凄冷寒凉,甚至有了置身其间的感觉。文章先山后水,布局自然,思路清晰,引文恰到好处,为自然山水增添了人文色彩。行文节奏上,动静相生,摇曳多姿。其高峻山峰、汹涌江流、清澈碧水、飞悬瀑布、哀转猿鸣、悲凉渔歌,相互萦绕,相互映衬,为世人呈现出了一幅有声有色的三峡画卷。

语文教材古文篇目索引

语文教材古文篇目	作者（出处）	所属年级	本书页码
西门豹治邺（教材为白话文）	褚少孙	四年级上册	55
将相和（教材为白话文）	司马迁	五年级上册	47
田忌赛马（教材为白话文）	司马迁	五年级下册	42
杨氏之子	《世说新语》	五年级下册	134
诫子书	诸葛亮	七年级上册	96
咏雪	《世说新语》	七年级上册	130
陈太丘与友期行	《世说新语》	七年级上册	132
答谢中书书	陶弘景	八年级上册	142
与朱元思书	吴均	八年级上册	145
周亚夫军细柳	司马迁	八年级上册	36
三峡	郦道元	八年级上册	149
桃花源记	陶渊明	八年级下册	119
陈涉世家（节选）	司马迁	九年级下册	32
出师表	诸葛亮	九年级下册	89
鸿门宴（节选）	司马迁	高中必修下册	23
过秦论（上）	贾谊	高中选择性必修中册	5
屈原列传（节选）	司马迁	高中选择性必修中册	50
陈情表	李密	高中选择性必修下册	99
兰亭集序	王羲之	高中选择性必修下册	113